幼兒發展評估

蘇貴民 著

幼兒發展評估

目錄

目錄

緒論
    一、幼兒發展評估的概念 7
    二、幼兒發展評估的功能 8
    三、幼兒發展評估與幼兒園課程的關係 11

第一章 幼兒發展評估的發展脈絡
    第一節 以心理測驗為主要方式的傳統幼兒發展評估 17
    第二節 新的幼兒發展評估觀 18

第二章 幼兒發展評估的倫理
    第一節 評估者對幼兒的倫理 24
        一、具備且不斷更新自己的幼兒發展知識 24
        二、掌握評估的技術方法 24
        三、取得家長的書面許可 25
        四、尊重保護幼兒的隱私 26
        五、防止和克服對幼兒的文化偏見 26
        六、評估的結果要對幼兒產生好處 26
    第二節 評估者需要預防的心理效應 27
        一、暈輪效應及其預防 27
        二、順序效應及其預防 27
        三、包裝效應及其預防 28
        四、隱惡揚善效應及其預防 28

第三章 幼兒發展評估的規範
    第一節 量化的幼兒發展評估規範 32
        一、量化評估的目的 32
        二、量化評估的主題 34

三、量化評估的方法與程序 34
　　四、量化的評估結果呈現的原則 37
　　五、量化的幼兒發展評估的流程 39
　　六、量化的幼兒發展評估規範的誤差 39
　第二節 質的幼兒發展評估規範 42
　　一、質的教育評估的概念 43
　　二、質的教育評估的理論基礎 44
　　三、質的教育評估的程序 47
　　四、質的幼兒發展評估的信度和效度 49
　　五、量化的評估規範和質的評估規範的比較 51

第四章 幼兒發展評估方案的建構

　第一節 幼兒發展評估方案的構成 60
　　一、幼兒發展評估的架構 60
　　二、評估實施的程序與步驟 85
　　三、評估者扮演的角色 87
　第二節 幼兒發展評估方案建構的方法 87
　　一、相關訊息的瞭解 88
　　二、評估方案的建構 90
　　三、幼兒教師如何建構評估方案 92

第五章 獲取幼兒發展評估資料的方式

　第一節 收集幼兒發展評估資料的過程和要求 98
　　一、收集評估對象的背景訊息 98
　　二、選擇適宜的收集評估資料的方法 99
　　三、設計收集資料所需要的工具 100
　　四、就資料收集對評估者進行專門培訓 100
　　五、取得家長的書面同意並進入現場收集資料 102
　　六、清理資料和數據 103

第二節 收集幼兒發展評估資料的方法......104
　　　　一、觀察法......105
　　　　二、訪談......123
　　　　三、心理測量......137
　　　　四、作品與檔案......142

第六章 幼兒發展評估資料的分析與結果的解釋

　　第一節 評估資料的分析解釋......154
　　　　一、對比不同時間節點的數據資料......155
　　　　二、就某個時間節點上的表現與期望進行比較......158
　　第二節 幼兒發展評估報告的撰寫......160

第七章 為了幼兒發展的評估

　　第一節 檔案袋評估......168
　　　　一、檔案袋評估的由來......168
　　　　二、檔案袋評估的概念......169
　　　　三、檔案袋評估的特點......170
　　　　四、檔案袋評估的類型......172
　　　　五、幼兒學習檔案袋的內容......175
　　　　六、檔案袋評估的步驟......182
　　第二節 搭橋......185
　　　　一、搭橋的概念......186
　　　　二、搭橋的評估過程......187
　　第三節 學習故事......194
　　　　一、學習故事的基本架構......194
　　　　二、教師在撰寫學習故事時遇到的挑戰......196
　　　　三、學習故事遭遇的質疑......198

附錄

　　附錄一 檢核表......205

附錄二 幼兒成長檔案 209
附錄三 幼兒教師撰寫的學習故事 211
　一、注意——兒童的害羞行為 215
　二、識別——兒童的主動關愛 215
　三、回應——做一個大膽的、關愛他人的好孩子 216

後記

緒論

　　幼兒發展評估是整個學前教育評估的重要組成部分，甚至可以說是核心組成部分，因為幼兒的發展狀況是反映學前教育機構質量的一個關鍵指標。

　　「幼兒的行為表現和發展變化具有重要的評估意義，教師應視之為重要的評估訊息和改進工作的依據。」從理論上來講，幼兒發展評估在整個學前教育的過程中應該扮演基礎性的重要角色。

　　教育活動「評估的過程，是教師運用專業知識審視教育實踐，發現、分析、研究、解決問題的過程，也是其自我成長的重要途徑」。這充分表明幼兒發展評估是一種技術性、專業性要求非常高的工作，需要評估者具備評估的素養和知識技能，只有受過一定專業訓練的人員才有可能較為客觀地、科學地評估幼兒的發展，並讓評估的結果服務於幼兒的發展和幼兒園整體質量的提升。

　　幼兒時期的發展非常迅速，而且呈現出重大的個體差異，這對幼兒教育工作者從事幼兒發展評估提出了重大的挑戰。在實踐層面，幼兒教師往往花費了很多時間和精力對幼兒的發展進行評估，但是取得的進展與付出的精力之間並不成正比，究其原因主要是幼兒教師缺乏幼兒發展評估方面的理論框架和實踐技能。所有這一切都需要從什麼是幼兒發展評估開始說起。

一、幼兒發展評估的概念

　　幼兒發展評估是一個典型的合成概念，其中發展和評估是兩個關鍵詞。這裡講的評估屬於教育評估的範疇。教育評估的定義眾多，各家的側重點有所不同，一般都認為「教育評估是根據一定的教育價值觀或教育目標，運用可行的科學手段，透過系統地收集訊息資料和分析整理，對教育活動、教育過程和教育結果進行價值判斷，為提高教育質量和教育決策提供依據的過程」。可見教育評估是一種在價值或者標準的導引下由評估主體對評估對象某方面的表現進行價值判斷的活動，幼兒發展評估概念的內涵也不例外。

「發展」這一術語原本是哲學的概念，主要指的是事物由小到大，由簡到繁，由低級到高級，由舊物質到新物質的運動變化過程。幼兒教育領域談論的發展主要是心理學上的發展，當然也受到了哲學的影響。「心理發展是指個體隨著年齡的增長，在相應環境的作用下，整個反應活動不斷地得到改造，日趨完善和複雜化的過程，是一種體現在個體內部的連續而又穩定的變化，是量變和質變的統一。」總體來看，心理發展指的是人的行為在本質上的一種改變，這種改變朝複雜化和社會認可的方向發展。

結合對評估和發展兩個概念內涵的理解，可以嘗試將幼兒發展評估界定為：為了達成某種目的，運用系統規範的方法收集幼兒在某個或者某些發展領域，諸如身體、認知、語言、情感態度、社會性等方面表現的數據資料，在整理分析所得數據資料的基礎上，對照事先選擇的價值標準來判定幼兒發展狀況的過程。

這一界定裡有兩點需要強調：

1. 幼兒發展評估需要系統規範地收集數據資料。幼兒發展評估需要根據評估的目的和主題來設計收集數據資料的方式和進程，只有按照公認的方法和程序來收集的數據資料才會被外界認可，才能保證評估的信度和效度。隨意收集的或者零星的數據資料無法用作深入系統的分析和推論的依據。

2. 幼兒發展評估是價值判斷的過程。幼兒發展評估不是價值無涉的活動，而是時刻受到各種價值觀念和標準影響的活動。比如經常在幼兒發展評估中聽到的「正常」或者「不正常」，超過平均水準或者低於平均水準等，這些話語背後隱藏的都是某種被認可為「好」的價值標準。

二、幼兒發展評估的功能

科學、客觀、真實的幼兒發展評估在教育實踐中發揮特定的社會功能，可有效回應與幼兒有關的利益攸關方的訴求，諸如家長、教師、幼兒園、幼兒教育行政機關、社會等，同時服務於各方的利益訴求與目的。總體上來看，作為構成和運作都比較複雜的幼兒發展評估，客觀上就具備發揮多種功能的可能性。這些功能概括起來有以下幾個方面。

(一)反映學前教育機構的質量

近年來,關於早期教育質量的研究發現,幼兒發展是評估一個幼教機構質量高低的最主要指標之一。幼教機構的質量可以從環境、人力資源、管理、課程以及幼兒發展等角度來考查,但是最能反映機構質量的還是幼兒發展的狀況。有研究者認為早期教育質量的定義中的核心變量是「那些促進幼兒身體、社會性、情緒和智力發展的經驗」。幼兒發展評估所得到的數據和結果有可能幫助人們比較全面、客觀地瞭解和認識幼兒在主要發展領域的發展狀況與態勢,從結果的角度來有效反映幼兒所處幼教機構的教育質量。

(二)協助判定幼教機構和教師的績效責任

績效責任(accountability,也有人翻譯為「問責」)指的是個人或者機構要對自己所承擔的角色和任務負起完全的責任,並在其行為所產生的結果無法令其負責的對象滿意時,承擔應有的後果。績效責任概念屬於評估的範疇,出現於20世紀50年代,其源頭是市場經濟和民主社會中的契約精神,暗含著「誠實守信、負責、獎懲」等內涵。

幼兒發展評估所展示出來的幼兒發展狀況以及符合主流教育價值觀和社會期望的程度,還可以作為判定一個幼教機構和教師的績效責任的直接依據,幫助幼教行政管理機構配置資源、實施獎懲、實施社會救助、淨化幼教機構的競爭環境並實現優勝劣汰。需要指出的是,用幼兒發展的狀況作為唯一的指標來反映幼教機構和教師的績效責任也存在一定的風險,因為無法認定幼兒已經取得的某種發展或者進步就是因為幼教機構或者教師所採取的某種行動。

(三)診斷與推動幼兒的發展

良好的幼兒發展評估能夠圍繞幼兒學習與發展的某個主題,展示幼兒學習發展的社會文化背景、學習與發展的真實過程以及學習與發展的真實結果,分析確定幼兒發展距離某種期望或者標準的距離等,幫助家長、教師等透過紛繁蕪雜的幼兒日常生活來深入瞭解幼兒的發展狀況。

由於幼兒發展評估屬於價值判斷，評估的結果必然包含「不足」「缺乏」「薄弱」低「於常模」或「未達到目標」等內涵，這實際上就等於透過評估來診斷和尋找幼兒在發展中面臨的挑戰和需要解決的問題。評估結果所反饋和呈現的這些訊息與意義將為教育者改善幼兒的發展提供有效的幫助，從一定程度上講，幼兒發展評估是作為推動幼兒發展和教師教育教學工作的力量而存在的。

(四) 導向功能

幼兒發展評估的導向功能指評估本身會對幼兒的發展、幼教機構的課程與教學、教師的努力方向等產生引導和指示的作用，告訴人們哪些項目和內容是更有價值和更加值得追求的。無論是由幼教機構以外的人員對幼兒的發展進行評估，還是機構內部的成員對幼兒的發展進行評估，評估都會對準特定的幼兒發展領域與主題，都會使用特定的收集評估資料的方法與工具，評估指標的構成與權重以及評估本身的價值導向，諸如是重視幼兒發展的過程還是發展的結果等，都會被教師和幼教機構解讀為：被評估的發展領域是最重要的，沒有被評估到的發展領域是不夠重要的；權重最高的評估指標是最需要教師重視和努力投入的；幼兒發展評估的結果取決於評估者來的那段時間幼兒的表現，幼兒發展的結果比過程重要；等等。其實，幼兒發展評估的導向功能是在評估本身與教師、園長、家長等相關人員的心理互動中產生的。評估的導向功能其實對幼兒發展評估的設計、評估過程以及評估結果的使用等都提出了很高的要求，一旦評估過程設計得不夠科學合理，就會產生負面的導向，引導教師、家長和幼教機構朝著錯誤的方向前進，這必須引起評估方案設計者和實施者的高度注意。

理論上來分析，幼兒發展評估確實具備上述功能，但是這些功能的實現不是無條件的，而是取決於評估本身的質量，在於評估本身的構成與運行狀況。只有那些符合幼兒發展特點的、符合評估理論要求的幼兒發展評估才有可能發揮出這些功能。就某些具體的幼兒發展評估而言，由於評估方案的目的和側重點不同，可能會側重於發揮上述功能中的一種，而不是全部的功能。

三、幼兒發展評估與幼兒園課程的關係

幼兒園課程是教育者為幼兒規劃和提供的系統的學習經驗，旨在促進幼兒的學習與發展。無論是作為幼兒園課程組成部分的幼兒發展評估，還是獨立於幼兒園課程之外的幼兒發展評估，都會與幼兒園課程本身發生關聯。

幼兒園課程與幼兒發展評估的關係可能會有以下幾種。

第一種就是幼兒園課程與幼兒發展評估徹底分離，相互獨立存在（見圖1）。在這種情況下，評估的內容與課程沒有關聯，評估的結果也無法反映課程的特性與質量，無法反映兒童經由課程而得到的發展，還有可能會得出課程本身存在缺陷或者幼兒無法適應課程等錯誤的評估結果。這種關係對幼兒園課程和幼兒發展評估都不利。

第二種就是幼兒園課程與幼兒發展評估存在部分重疊的關係（見圖2）。即課程和評估的主題與指標存在部分的重疊。在這種狀態下，評估的內容與課程的內容存在部分交叉，同時又有很大部分保持相互獨立，幼兒發展評估的結果只能部分反映幼兒園課程的特性與質量。

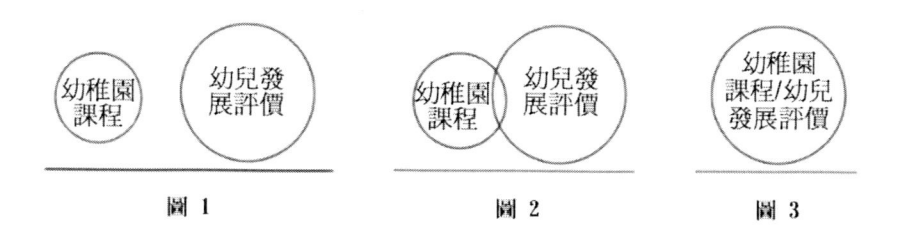

圖1　　　　　圖2　　　　　圖3

第三種就是幼兒園課程與幼兒發展評估完全重疊（見圖3）。這種情況下，幼兒園課程與幼兒發展評估完全融為一體，二者的界限徹底消失，評估貫穿課程的始終，很難分清楚哪些是課程，哪些是評估，課程就是評估，評估也就是課程，評估更多地扮演為課程決策服務和促進幼兒發展的角色。

第四種就是幼兒園課程包括幼兒發展評估（見圖4）。這種關係狀態下，幼兒發展評估只是作為幼兒園課程的一個組成部分而存在，評估結果是反映課程質量的一項指標但不是唯一的指標。幼兒發展評估也只在一定的範圍內發揮作用。

圖 4　　　　　　　　　圖 5

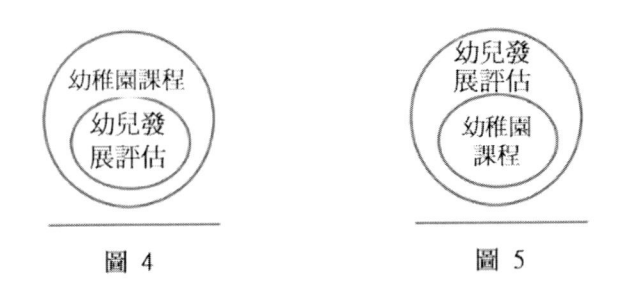

　　第五種就是幼兒發展評估包含幼兒園課程(見圖5)。在這種關係狀態下，幼兒發展評估的範圍遠遠大於幼兒園課程的範圍，課程有可能完全被評估主導，課程會面向評估做出調整。由於評估的範圍很寬，課程的範圍和內容也會逐漸變寬。

　　以上只是基於「二分法」的一種分析，呈現的是一種靜態的關係。實際上當來自外部的幼兒發展評估占據強勢地位的時候，課程往往會被迫跟著評估走，課程可能會變得更窄，也可能變得更寬，教師的教學方式和方法也會隨著評估的導向而發生變化。如果評估本身不夠恰當和科學的話，則有可能對幼兒的發展產生不良的影響。

　　一種更為實際的、有效的關係是基於幼兒園課程的幼兒發展評估，要求評估者根據幼兒園課程自身的特性來發展和建構幼兒發展評估。當然，課程本身必須是符合主流價值觀，具備文化適宜性和發展適宜性的，只有建立在適宜性課程基礎上的評估才是合理的和符合幼兒發展需求的。當前的幼兒園課程具有生活化、綜合化、過程導向和追求完整兒童的特徵，如果用傳統的心理測驗來評估幼兒的發展，很有可能會讓課程的目標回到重視靜態的知識，重視認知和語言，教學的方式回歸到訓練和強化，這無疑是一種倒退，也不符合幼兒學習和發展的特徵。《3～6歲兒童學習與發展指南》中強調：「幼兒的學習是以直接經驗為基礎，在遊戲和日常生活中進行的。要珍視遊戲和生活的獨特價值，創設豐富的教育環境，合理安排一日生活，最大限度地支持和滿足幼兒透過直接感知、實際操作和親身體驗獲取經驗的需要，嚴禁『拔苗助長』式的超前教育和強化訓練。」

美國幼教協會(NAEYC)在其立場宣言中也指出:「課程與評估緊密相連。在教室和在家裡對幼兒進行的評估可以告訴教師幼兒喜歡什麼並容許教師修正課程和教學實踐,以最大限度滿足幼兒的需要。課程也影響評估的內容和方式。」

思考題

1. 簡述幼兒發展評估的含義。

2. 簡述幼兒發展評估的功能。

3. 簡述幼兒發展評估與幼兒園課程的關係。

第一章 幼兒發展評估的發展脈絡

第一章 幼兒發展評估的發展脈絡

　　評估和新型的幼兒發展評估兩個主要階段。幼兒發展評估從最初的以各種心理測驗為主的評估到今天以發展和教育為主要目的的評估,從最初對幼兒發展的篩選、甄別走向對幼兒發展的關注並將評估與幼兒的日常學習發展相結合。與幼兒發展評估有關的研究者和實踐人員一直思考和解決的問題是什麼樣的評估是最適合幼兒發展的評估,也逐漸形成了適合幼兒發展的評估觀念。

案例

　　幼兒園入學測試是馬薩諸塞州規定的兒童入學測試項目。測試採用美國通行的 Brigance 早期兒童測試法,主要測試兒童以下幾個方面的能力:個人訊息的掌握、認知性、小肌肉運動技能、運動性視覺技能、大肌肉運動技能、數字能力和語言開發能力。每一類分成幾個小項,每小項各有若干個問題,按照回答情況計分,總分 100 分,65 分是及格線,不到 65 分的在入學後要補測,直到及格為止。

　　嘟爸嘟媽平時對嘟嘟是放養,基本沒怎麼關注過嘟嘟的英文學習,在家只和嘟嘟說中文,嘟嘟的英文全是在托兒所跟老師學來的,因為他們事先不知道要測些什麼,這次入學測試也沒有特別準備,結果出了狀況。

　　嘟嘟的入學測試定在 8 月初的一天。儘管嘴上說不在乎,實際上那天嘟爸嘟媽都特地請了假,一起陪著嘟嘟去測試。測試在附近的一所小學進行,原定上午 10 點,因為當天 10 點半嘟嘟有游泳班,和老師商量後改到了早上 8 點半。

　　嘟爸嘟媽一大早就起床,提前趕到學校,怕嘟嘟到時候認生膽脏,一路上給嘟嘟鼓勁,告訴嘟嘟好好回答老師的問題,嘟爸還特別「無恥」地給嘟嘟承諾,說考個好成績就給獎勵買玩具。

第一章 幼兒發展評估的發展脈絡

到了學校，遇到負責測試的女老師，是一位白人中年女子，看介紹還是位教育學博士，小鎮幼兒園負責人，在一起寒暄了幾句，女老師便帶著嘟嘟進了辦公室。嘟爸嘟媽坐在外面，剛好可以聽聽到底測些什麼。

嘟嘟抱著喜歡的玩具進去了，進去時的表情還是一副嬉皮笑臉樣，倒讓嘟爸嘟媽放心了不少，嘟嘟已經不那麼認生了。女老師誇了嘟嘟的玩具，先讓嘟嘟放鬆，然後開始測試了。老師先問嘟嘟的姓名、年齡，這個嘟嘟會，還寫出了自己的英文名字。老師接著問嘟嘟生日、家庭住址、父母聯繫電話等，嘟爸嘟媽在外面聽到了，面面相覷，他們可從來沒教過嘟嘟這些，嘟嘟再天才也說不出來。果然，嘟嘟聲音低了好多，說：「I don´t know。」

接著老師問身體部位的英文名稱。嘟爸嘟媽教過嘟嘟鼻子、眼睛、嘴巴、舌頭、頭髮、手、腳、肚子等，哪知道老師指著腳後跟問嘟嘟名稱，嘟嘟猶豫了一下，回答 foot，老師說不對，應該是 heel，接著指著自己下巴問嘟嘟，嘟嘟哪懂，直搖頭，老師告訴嘟嘟那是 chin，然後又指著肘部（elbow）問。這些他們都沒教過嘟嘟。前三個問題嘟嘟都沒回答出來，這項便不再繼續，這個項目總共 8 分，嘟嘟一分沒得。

嘟爸嘟媽在外面後悔不迭，只怪平時沒想到要教嘟嘟這些。剛開始測試就先三悶斧打暈，嘟嘟還能測得好嗎？再後面的測試嘟爸嘟媽已經沒有心思細聽了，只記得有英語字母測試，數數測試。數數測試時，嘟嘟一口氣從 1 唸到了 34；英語字母隨機測試，後來老師說嘟嘟錯了 2 個。還有畫畫，畫個小人什麼的。

十幾分鐘後，測試結束，嘟嘟從辦公室出來，女老師開始給嘟嘟統計總分，最後告訴他們嘟嘟這次測試成績是 57 分，沒有過 65 分線，入學後再找機會補測一次。嘟爸嘟媽汗都快流下來了，前面幾道是他們平時沒教孩子，估計會影響十來分，不過 57 分的總分似乎差了點，尤其是要補測，真的讓人心裡不舒服。女老師說會給他們一份測試結果報告，具體分析測試的情況，希望家長有側重地輔導孩子，爭取下次補測成功。

從學校出來，離游泳班時間還早，嘟爸嘟媽便帶嘟嘟去旁邊的小操場玩。嘟嘟是那種「沒心沒肺」的，哪裡管測得好還是不好，在操場上蹦跶得可歡

了。嘟爸嘟媽在互相安慰，不過總是開心不起來。不一會兒，嘟爸的手機響了，接電話，居然是那位女老師。女老師首先就給嘟爸道歉，說是她的錯，統計總分時居然忘了嘟嘟的最後一頁，她告訴嘟爸，重新統計後嘟嘟的成績是 77 分，過了線，不用補測了。

問題聚焦

這種入學準備測試的方式適合幼兒嗎？為什麼？

學習目標

1. 瞭解傳統的幼兒發展評估的主要方法。

2. 熟悉新型幼兒發展評估的基本思路。

3. 樹立新的幼兒發展評估觀。

第一節 以心理測驗為主要方式的傳統幼兒發展評估

　　心理測驗運動興起於 20 世紀初期，捲入這場運動的不僅有心理學家，還有家庭和幼兒。心理測驗運動的創始人是英國的優生學家高爾頓，發明心理測驗這個術語的則是美國心理學家卡特爾。而真正讓心理測驗，尤其是智力測驗影響全世界和很多兒童的人則是法國人比奈。1904 年，法國教育部組織一個委員會，專門研究公立學校中低能班的管理方法，比奈亦是委員之一。他極力主張用測驗法去辨別有心理缺陷的兒童，經過細心研究，次年與其助手西蒙發表了一篇論文，題為《診斷異常兒童智力的新方法》，在這篇文章中介紹的就是世界上第一個智力測驗──「比奈─西蒙量表」。1905 年的量表有 30 個由易到難排列的項目，可用來測量、判斷、理解、推理，亦即比奈所謂智力的基本組成部分。這些測驗也包括了感知覺的內容，但其中言語部分所占的比例遠較同時代的其他測驗為大。1908 年對該量表做了修訂，採用智力年齡的方法計算成績，並建立了常模，這是心理測驗史上的一個創新。1911 年對該量表做了第二次修訂。

在比奈之後出現了很多的智力測驗工具，但是基本原理和架構都未能超出比奈。其中與幼兒相關的、運用最廣泛的該屬丹佛發展篩選測驗(Denver DevelopmentalScreening Tests)。這是美國丹佛市科羅拉多大學 W.K 弗蘭肯伯等人於 1967 年，早期發現嬰幼兒發展差異而設計的一種簡便的智力測量工具，簡稱 DDST。它僅用 15 分鐘即可完成，能反映嬰幼兒的發展水準並有明確的結果，可供保健工作者早期發現嬰幼兒潛在的問題。該測驗量表無法稱得上是原創，而是由格塞爾、韋克斯勒、貝利、史丹福—比奈等 12 種智力測試工具中選出的 105 個項目組成的。這 105 個項目分別測試從出生至 6 歲的嬰幼兒，並按應人能、應物能、言語能和動作能 4 種智慧(見格塞爾嬰幼兒發展量表)分別安排在測驗中。按嬰幼兒達到這些測驗項目的水準，可以有效地評估其發展情況。所以，美國的幼托和醫療機構都把它作為常規的應用工具，它也被許多國家廣泛採用。

心理測驗運動差不多持續到了 20 世紀 70 年代。這一時期的幼兒發展評估與其說是評估，不如說是測驗或者篩選可能更為合適。這一時期的評估主要是評估者運用心理測驗的工具和採用標準化的測驗程序來篩查出在某些方面有「問題或者缺陷」的兒童，這種測驗往往在醫療機構中由醫療人員或者心理學相關人士進行，基本與幼兒的日常生活和所受的教育不發生關聯，屬於終結性的評估，主要突出的是評估的篩選功能。究其原因主要是心理測驗剛剛起步，教育評估的理論還沒有發展起來，加上當時關於幼兒的教育理論自身也還在完善之中，無法為幼兒發展評估提供合理的理論架構，人們選擇心理測驗作為幼兒評估的主要工具也是一種必然。

第二節 新的幼兒發展評估觀

20 世紀的上半期，心理測驗極大地左右和影響著幼兒發展評估，導致幼兒發展評估徹底心理學化，人們一度將心理測驗視為客觀的、科學的幼兒發展評估的代名詞，常模、標準差、正常等詞彙一度為社會所熟知。總體來看，以心理測驗為主的評估方式以自然科學的實證主義思想為依據，追求數量化的方式，具有標準化的特徵，能在形式上保證公平客觀和對所有的測試對像

第二節 新的幼兒發展評估觀

一視同仁，這些都為其贏得聲譽提供了不小的幫助。心理測驗不斷成熟並向縱深發展，一直牢牢占據著幼兒評估的主導地位。與此同時，人們對於幼兒發展的認識也越來越深刻具體，開始懷疑心理測驗的一些假設和前提。20世紀80年代，一些學者開始批判傳統的心理測驗並著手建構新的評估理論和路徑。心理學家和幼兒教育的研究者、實踐工作者也日益發現心理測驗無法幫助教師、家長應對和解決幼兒的日常學習與發展問題，其弊端逐漸暴露在社會面前。比較一致的意見是心理測驗這種評估方式雖然有其存在的價值和積極意義，但是總體上並不適合幼兒。

傳統的評估觀和評估方式主要依靠測驗，這種觀念和方法能夠滿足評估的客觀性和公平性的要求，但是只能測量幼兒當下的表現，很容易引發評估的效度問題。在心理測驗，比如智力測驗中幼兒的表現往往不是很好，但是很多時候這種表現被認為是幼兒確實不行，實際的情況卻並非如此。幼兒在智力測驗中表現不好的原因主要是測驗本身具備了不適合幼兒發展的特徵。幼兒的語言能力尚處於發展過程中，容易錯誤理解主試的指導語，無法對一些抽象的概念和詞語做出正確的反應；同時幼兒的注意力和堅持性都不能持久，無法忍受長時間的測驗；心理測驗往往在幼兒不熟悉的環境中進行，所呈現的情境往往遠離幼兒特定的生活和社會文化背景，導致幼兒無法做出很好的表現。

從評估的角度來看，幼兒期的心理發展速度很快，短時間內就可能會有很大的變化，幼兒今天不會某項技能，可能過幾天就會了，而心理測驗只能反映某個時間點上幼兒的一些發展情況，無法預知幼兒的將來，也無法報告幼兒心理發展的過程，更無法跟上幼兒快速發展的步伐；同時幼兒發展的個體差異的範圍比我們想像的要大得多，也就是說「正常的」範圍比心理測驗描述的可能還要寬泛，我們不能輕言某個幼兒在某個方面的發展是「正常的」，某個幼兒則是「不正常的」，追求標準化和普遍性的心理測驗對於幼兒發展中的個體差異基本上是束手無策的；另外，每個幼兒的心理發展都處於一定的社會文化背景中，也包括很多領域，而且每個幼兒的優勢發展領域都不一樣，但是大多數智力測驗都侷限於認知領域，不理會幼兒生活的社會

第一章 幼兒發展評估的發展脈絡

文化背景等諸多影響幼兒發展的因素,能夠測量和評估的方面與程度比較有限。

正是基於對心理測驗為主的評估方式的弊端的認識,新的評估觀念才開始發展起來。與舊的評估重視量化、追求客觀和普遍性有所不同,新的評估觀念強調採用描述性的、質的方法來評估,突出彈性和多元,重視單個獨特個體學習和發展中的 How、What 和 Why(即幼兒得到怎麼樣的發展,發展了什麼能力,引起發展的原因);新的評估不僅關心幼兒學習的結果,更關心幼兒學習的過程以及過程中幼兒如何建構知識和解決問題。新的評估觀念下發展起來的術語和概念主要是真實評估、質的評估以及多元評估等。

這些觀念也體現在很多國家的專業組織的立場和文件當中。NAEYC 在 2003 年指出,幼兒評估應該採用發展適宜且考慮語言和文化因素的方法,並結合幼兒的日常活動,透過專業的支持來進行;評估的目的是為了做出合適的教學決策;確定個別孩子所需要的介入和干預。「教育評估是幼兒園教育工作的重要組成部分,是瞭解教育的適宜性、有效性,調整和改進工作,促進每一個幼兒發展,提高教育質量的必要手段。」「幼兒的行為表現和發展變化具有重要的評估意義,教師應視之為重要的評估訊息和改進工作的依據。」這些觀點和表述都在一定程度上體現了新的幼兒教育評估觀和新的幼兒發展評估觀,將引領今後幼兒發展評估的實踐。

新的幼兒發展評估觀和實踐基本擺脫了心理測驗的桎梏,大大拓展了幼兒發展評估的範圍和方法,評估從脫離幼兒的生活經驗和標準化測試,開始向幼兒的日常生活回歸,回歸教育現場,評估的很大一部分權力也逐漸從醫學和心理學的專業人員手中轉移到幼兒教育實踐工作者手中,幼兒發展評估開始真正屬於「教育評估」,而不僅僅是一種為了篩選和介入的測驗。但是這並不是說以心理測驗為代表的量化的評估方式退出了幼兒發展評估的舞臺,實際上量化的幼兒發展評估方式一直存在,而且自身也在不斷完善和深化,依然在幼兒發展評估中扮演著重要的角色,它的價值和功能不應隨著新的評估觀和新的評估方法的興起而被抹殺或者貶低。

NAEYC 在其立場宣言中列舉了真正的、具有發展適宜性的幼兒評估的特徵，彰顯了新的幼兒發展評估觀：

　　1. 對幼兒進步和成就的評估是持續性的、戰略性的和有目的的。評估的結果用來作為制訂計劃和實施課程的參考，用來幫助幼教機構和教師與家長溝通，用來評估教師和幼教機構的有效性。

　　2. 評價要對準幼兒取得的進步，這些進步應該朝向對發展和教育來說都非常重要的目標。

　　3. 有一個恰當的系統來收集、理解和使用評估的訊息，以指導教室中進行的形成性評估。教師使用這些訊息來制定課程與規劃學習經驗，並與幼兒及時溝通，也就是說教師要持續不斷地對幼兒進行評估以改進自己的教和幼兒的學。

　　4. 評價的方法要適合幼兒的發展狀態和已有經驗，評估者要意識到作為學習者的幼兒身上的個體差異並允許幼兒以不同的方式來展示他們的能力。適合在教室裡評估幼兒的方法包括教師對幼兒的觀察記錄結果、與幼兒的臨床談話、收集幼兒作品的樣本、幼兒的行為表現和幼兒從事的真實活動。

　　5. 評價不僅僅要看到幼兒能獨立做到的，也要看到幼兒在同伴或者成人的幫助下能做到的。因此教師要在幼兒參加小組活動和其他外界提供支持的情景下評估幼兒。

　　6. 除了來自教師的評估之外，來自家長的評估和幼兒對自己作品的評估都是幼教機構整個評估工作中的組成部分。

　　7. 幼兒發展評估的結果主要影響的是幼兒，諸如入學和安置等，絕對不能只根據單一來源的發展評估或者篩選工具來做出決定，而是要根據多種來源且相互關聯的訊息來做出決定，諸如教師和家長（有時候也有專家）對幼兒的觀察與互動。

　　8. 當某項篩查或者評估發現幼兒在發展和學習方面可能有特殊需要時，要有適當的追蹤與評估。如果確實發現有特殊需要，就需要及時轉診，不能

根據簡短的篩查或者一次性的評估就對幼兒做出診斷結果或者貼上標籤。家庭應該參與對幼兒的評估工作並成為重要的訊息來源。

　　上述八項主張中，最值得幼教機構的管理者和教師注意的是幼兒發展評估的「戰略性」。這一提法的實質就是要求評估者具備全局觀、整體觀和前瞻性，制訂評估的行動方案，立足幼兒發展的現實，同時指向和引領幼兒發展的未來，也就是說評估者不能將幼兒發展評估單純視為一項技術性的瑣碎工作，而是要站在幼兒未來學習發展的高度來謀劃評估工作。

　　總之，評估者必須認識到幼兒發展評估是一項極具挑戰性、複雜性和高難度的工作。正如 NAEYC 在其立場宣言中指出的那樣：「真正的幼兒評估是充滿挑戰的，因為幼兒的學習與發展方式方面的突出特徵就是不是千篇一律的，而是鑲嵌在幼兒生活所處的文化與語言背景當中。」

本章回顧

　　本章主要對幼兒發展評估經歷的兩個不同階段進行回顧。傳統的以心理測驗為基礎的幼兒發展評估起始於比奈、西蒙等人的智力測驗量表，發展到經過改良後的丹佛測試；這一時期的評估主要用於篩選。新的幼兒發展評估觀擺脫了心理測驗的影響，關注真實情景中幼兒發展的進程，注重運用真實評估、質的評估等多元評估的方式來描述幼兒的發展。

思考題

1. 心理測驗運動對傳統幼兒發展評估有什麼影響？
2. 簡述傳統的幼兒發展評估的主要弊端。
3. 新的幼兒發展評估觀的基本觀點有哪些？
4. 檢索相關文獻資料，討論如何實現 NAEYC 關於幼兒發展評估的立場宣言。

第二章 幼兒發展評估的倫理

　　幼兒發展評估的倫理是指在對幼兒發展進行評估的過程中，評估者在與各方，包括幼兒、家長、教師、幼教機構的管理者等互動的過程中需要遵守的行為規範。幼兒發展評估的倫理的主要目的也是保護幼兒的各項權利不受侵犯，幼兒的學習和發展不受到負面的影響，同時兼顧保護相關各方人員的利益。

　　很多國家針對幼兒教育領域制定的專業倫理都涉及評估的問題，其核心就是要保證每一次具體的幼兒發展評估都成為「好的」評估，而不是「壞的」評估或者低質量的評估，真正促進幼兒的發展。就目前而言，還比較缺乏關於幼兒發展評估的倫理，本章將結合現有的文獻和幼兒發展評估的特性，從幼兒權利保護的角度來初步構建幼兒發展評估的倫理規範。

案例

　　小青是幼兒園大班的一個女孩子。一天放學後爸爸去接她回家，她提醒爸爸說有東西要拿回家去。爸爸問小青有什麼東西要拿回家，小青說：「老師說了要把今天畫的畫拿回家。」接著小青又補充道：「老師說了，那些畫得好的小朋友的畫就留下來貼在教室的牆壁上，畫得不好的小朋友就可以把作品帶回家。」爸爸說：「看來你的畫屬於畫得不好的。」小青回答說：「那是老師認為我畫得不好，不是我自己認為的。」爸爸聽後說：「我覺得你畫得很棒呀！拿回家我給你保存起來！」

問題聚焦

　　案例中這位教師如此評估和區分處理幼兒的繪畫作品是否合適？在幼兒發展評估中是否需要遵守一些行為規範來避免傷害幼兒和家長？

學習目標

　　1. 瞭解評估者對幼兒的倫理的基本要求。

　　2. 掌握預防評估中各類心理效應的方法。

3. 領會「幼兒利益優先」的評估倫理觀。

第一節 評估者對幼兒的倫理

無論是外部的評估者還是內部的評估者，在評估的過程中都需要與幼兒大量地互動。評估者需要不斷反省自己的行為，約束自己的行為，確保自己的行為儘可能符合評估者角色的要求，為幼兒帶來好處而不是害處。

一、具備且不斷更新自己的幼兒發展知識

幼兒發展評估的對像是幼兒的發展，這在客觀上就需要評估者必須掌握一定基礎和有水準的幼兒發展知識，才有可能提高評估本身的信度和效度。「評估的過程，是教師運用專業知識審視教育實踐，發現、分析、研究、解決問題的過程，也是其自我成長的重要途徑。」

幼兒發展知識包括幼兒發展的內涵與特徵、幼兒發展觀、幼兒發展的機制與影響因素，以及幼兒不同發展領域（諸如身體、語言、認知、情緒情感和社會性等）的發展等。就幼兒發展知識本身而言，研究幼兒發展的學科眾多，諸如心理學、文化學、歷史學等都在研究，幼兒發展的知識在不斷更新而且數量也非常之大，還呈現出衝突、多樣、相關交叉等特徵，這對評估者選擇掌握以及更新自身的幼兒發展知識提出了很大的挑戰。

作為幼兒發展的評估者，需要在新的時代背景下，立足幼兒當前的生存與發展環境，選擇和利用那些新的、具備文化適宜性的幼兒發展知識作為從事和開展評估工作的基礎。

二、掌握評估的技術方法

教育評估是一種技術性、專業性很強的工作，不是任何非專業的人都可以勝任的，評估者需要受過評估技術方法方面的專業訓練才有可能勝任。在從事幼兒發展評估的時候，評估者除了需要掌握一定水準的幼兒發展知識之外，還需要掌握一系列的技術和方法，包括評估方案的制訂、評估指標體系的建構、評估方法的選擇、評估資料的收集、數據資料的整理分析處理、評

估報告的撰寫等。合格的評估者需要用這些專業的技術和方法來保證幼兒發展評估結果的真實性與可靠性。

在現實的幼兒教育中，幼兒教師為幼兒發展評估付出了很大的努力，但是評估依然是教學中最薄弱的環節。大多數幼兒教師在幼兒發展評估方面表現不佳，收益不多，還有很大的改進空間，其原因除了教師沒有太多的時間和精力之外，主要就是教師缺乏評估所需要的專業知識與技能。

三、取得家長的書面許可

幼兒屬於無民事行為能力的自然人，為此對幼兒進行評估尤其是進行正式的、高利害關係的評估的時候，必須取得其監護人的書面同意。任何評估者都不能在幼兒監護人不知情的情況下對其進行正式的評估。通常的做法是評估之前書面知會監護人並附上同意自己孩子參加評估的同意書，讓監護人在同意書上簽字後方可開展評估。評估者必須充分履行告知與評估有關事務的義務，充分尊重家長的知情權和選擇權，不得強迫、誘導或者欺騙家長同意評估，還要允許家長隨時可以退出評估。

下面是一位家長書面同意書的樣例。

家長(監護人)同意書

我是＿＿＿＿小朋友的家長(監護人)，我同意＿＿＿＿小朋友參加由(評估機構或者組織者的名稱)組織的幼兒發展評估，相關評估者已經向我當面充分介紹了本次評估的目的、過程和方法等資訊，我願意配合評估工作並盡自己所能提供真實詳盡的資料資訊，願意為自己所提供資訊的真實性負責。

家長(監護人)簽名：

簽署時間：　　年　　月　　日

四、尊重保護幼兒的隱私

　　隱私權是現代人最為看重的一項基本人權，幼兒也享有這一基本的人權。評估者在評估的整個過程中以及使用評估結果時都必須時刻提醒自己，充分尊重和保障幼兒的隱私。評估者在評估時不得打探收集與評估內容無關的幼兒方面的訊息，諸如父母的職業、收入、家庭結構、幼兒的疾病狀況、宗教信仰等；評估者所收集的數據資料要嚴格保密，不得隨意洩漏或者傳播個別幼兒的數據資料給無關機構或者人員；評估結果未經監護人的允許不能公開或者傳播；等等。所有這些倫理規範都是為了保護幼兒免受個人訊息洩漏可能帶來的傷害。

五、防止和克服對幼兒的文化偏見

　　評估者在社會系統中處於特定的文化階層，受傳統和習俗的影響，評估者極有可能對來自其他文化階層的幼兒形成刻板印象並產生偏見，這就需要評估者時刻反省並預防。常見的偏見可能有認為來自較高社會經濟地位家庭的幼兒就是比來自較低社會經濟地位家庭的幼兒發展得好；來自非主流文化族群的幼兒肯定在很多發展方面落後於來自主流文化族群的幼兒；來自單親家庭的幼兒肯定比來自完整家庭的幼兒面臨較多的發展問題；等等。評估中使用與幼兒生活所處文化環境無關的語言或者場景，以及貶低某些幼兒所處的文化階層等，也是偏見的表現。作為幼兒發展的評估者，應該是一個中立的、客觀的和不帶文化偏見的觀察者和思考者。這一點在現實的評估中非常難以做到，但是每一個評估者都要為之努力。

六、評估的結果要對幼兒產生好處

　　評估幼兒的發展，其最終目的在於幫助每一個幼兒獲得發展，要讓每一個幼兒從評估中受益，而不是相反。這一倫理規範要求評估者必須弱化評估的選拔、篩選、鑑別等功能，強化診斷和改進等功能，促使評估結果為教師的課程決策提供依據和支持，從而有可能讓幼兒接受個別化和針對性的幫助與教育，切實在某個方面獲得發展。從評估結果的形態來看，抽掉幼兒發展環境的用數字呈現的量化評估結果不足以為教師決策提供足夠的依據和訊

息，評估者必須提供包含幼兒發展所處文化生態環境的訊息，以及豐富的質量結合的評估結果，這樣才有可能保證評估結果能讓每一個幼兒從中受益。

第二節 評估者需要預防的心理效應

由於評估是評估的主體與評估的對象互動的過程，評估的主體是帶著自己的文化、信仰、知識、經驗和動機來從事評估的，這就導致在評估中評估的主體有可能受到一些社會心理效應的影響，從而給評估的對象和評估結果的可靠性帶來不好的影響，因此需要評估的主體明了這些效應的特徵與危害，有意識地加以克服。

一、暈輪效應及其預防

暈輪效應，又叫光環效應，會嚴重影響評估者對評估對象的直覺，具體指評估者對幼兒發展狀況的判斷首先主要是根據個人的好惡得出的，然後再從這個判斷出發來推斷出幼兒在其他方面表現的現象。如果幼兒被評估者認為在某個方面是「不錯」的，他就會被「好」的光環籠罩，並被想當然地認為在其他方面的發展也是「好」的；如果幼兒在某一方面的發展被評估者認為是「不好」的，他就會被「差」的光環籠罩，幼兒在其他方面的發展也會被想當然地認為是「不好」的。暈輪效應的實質是評估者不根據客觀的事實與證據做出判斷，而是被自己的第一印象所左右，以偏概全，想當然地進行推理。這種效應無論是外部的評估者還是內部的評估者都有可能發生，總體來看都會對評估結果產生消極的影響。

預防暈輪效應最好的辦法是評估者在評估最開始階段不著急做出價值判斷，儘可能透過不同的渠道收集多樣化的資料。可以運用問卷、訪談、觀察、收集實物資料等方式從不同的對像那裡收集評估資料，基於事實和數據做出判斷，避免一開始就陷入主觀。

二、順序效應及其預防

順序效應是指刺激呈現的順序影響人們判斷的現象。這一效應在幼兒發展評估中表現為前一個接受評估的幼兒的表現會影響評估者對後一個接受評

估的幼兒表現的判斷，前一個接受評估的幼兒如果表現很好，後續接受評估的幼兒即使表現得比前邊的幼兒要好，也很難獲得與前邊幼兒同樣或者更高的評分，反之亦然。對於外部評估者而言，如果之前評估的是一所幼兒園幼兒的表現，那麼他對這所幼兒園幼兒的評估結果會影響到他對下一所幼兒園幼兒的評估結果。

消除順序效應的最好辦法是評估的標準一定要量化、具體明確，儘可能不給評估者留下太多主觀判斷的空間，這對評估工具的設計提出了很高的要求。

三、包裝效應及其預防

包裝效應指的是評估者因為幼兒園的一些包裝行為被打動，做出有利於該幼兒園以及幼兒的結論的效應。這一效應在實踐中通常會被外部的評估者遇到。幼兒園會把自己的幼兒園裝飾一新，讓員工和幼兒統一著裝，提供製作精美的文字資料和畫冊等，利用這些外在的包裝行為來打動評估者，使之做出有利於自己的判斷。

預防包裝效應的最好方法是評估者始終關注與幼兒發展有關的資料，注重資料的實質內容，而不是被外在的精美包裝打動或者左右。

四、隱惡揚善效應及其預防

隱惡揚善效應指的是評估者在評估過程中收集資料的時候，一些提供資料和訊息的人，諸如園長、教師或者家長，為了討好評估者，會只說幼兒的好，只提供正面的訊息。當然提供訊息的人也可能為了傷害某些人而故意只提供負面的訊息和資料。克服或者解決這一心理效應的辦法就是「兼聽」，隨即尋找不同的訊息來源互相求證，評估者對一邊倒的評估資料要持高度懷疑的態度，仔細加以甄別。

嚴格來說，這些心理效應只會發生在非專業的評估者身上。為此，評估者必須不斷提升自己在評估方面的專業水準和專業素養，明確評估的發展功

能，嚴格遵守評估的程序，時刻記住幼兒發展評估的最終目的是為了幼兒的發展，只有這樣，才有可能確保評估能對幼兒產生良好的結果。

本章回顧

　　幼兒發展評估的倫理是協調幼兒發展利益攸關各方的行為規範，良好的倫理規範能夠保護幼兒的各項權利不受侵犯，幼兒的學習和發展不受到負面的影響，同時兼顧保護相關各方人員的利益。主要的倫理評估包括具備且不斷更新自己的幼兒發展知識，掌握評估的技術和方法，取得家長的書面許可，尊重保護幼兒的隱私，防止和克服對幼兒的文化偏見，評估的結果要對幼兒產生好處。評估者由於受自身文化、信仰、知識、經驗和動機的影響，可能產生暈輪效應、順序效應、包裝效應、隱惡揚善效應等心理影響。為了確保評估的客觀性和公正性，評估者應該學會預防心理效應，確保評估的客觀公正。

思考題

1. 簡述幼兒發展評估的倫理的含義。
2. 簡述幼兒發展評估的倫理的內容。
3. 簡述幼兒發展評估者常見的心理效應及其預防。

第三章 幼兒發展評估的規範

第三章 幼兒發展評估的規範

　　借用庫恩的規範理論，可以將現有幼兒發展評估分為兩種具有內在獨特結構的規範，即量化的評估規範和質的評估規範。這兩種規範在評估的理論基礎、評估的價值取向、評估的內容、獲取和解釋資料的方法等方面存在根本性的差異，形成了幼兒發展評估中的兩大陣營。量化的評估規範發展在前，質的評估規範是在批判量化的評估規範的基礎上發展起來的，還處於不斷發展完善的進程中。兩種評估規範各有所長，也各有所短，目前出現了合流的趨勢。

案例

　　某幼兒園大班上的兩位老師對於幼兒發展評估的方式有著自己不同的理解。主班老師陳老師從事幼兒教師職業接近三十年，喜歡對幼兒的某些行為進行長時間的觀察，並與幼兒以及幼兒的家長談話交流，試圖收集更多具體的訊息來幫助她理解幼兒行為發生的背景和原因，也樂意與家長分享自己對幼兒的觀察和理解。另一位配班老師王老師比較年輕，傾向於使用更多的標準化工具，諸如教師可以使用的心理測驗，具有一定信度和效度的評定量表或者檢核表來評估幼兒的行為是否符合常模，或者說幼兒在某方面的發展是屬於「正常」或者「異常」。兩位教師對對方的幼兒發展評估觀念和方法都不滿意，都認為其不夠科學。

問題聚焦

　　你如何看待這兩位老師在幼兒發展評估方面的觀念和做法？

學習目標

　　1. 掌握量化評估的程序和規範。

　　2. 掌握質的評估的程序和規範。

　　3. 根據評估要求，靈活選擇合適的評估規範。

第三章 幼兒發展評估的規範

第一節 量化的幼兒發展評估規範

量化的幼兒發展評估就是將幼兒學習與發展的行為表現、結果等用數量化的方式來進行描述，透過系統客觀的方式來收集幼兒學習與發展的硬數據（harddata），並以數量的分析為基礎來做出價值判斷的評估規範。在這種規範下，幼兒發展評估的主題會被界定為相對簡單的、可以觀察和測量的外顯行為，並用各類數值描述這些行為，而後對這些行為進行特定的統計分析，最終得出量化的評估結果。

量化評估的哲學基礎是實證主義和邏輯經驗主義，強調的是評估的客觀性、系統性和準確性。實證主義起源於 20 世紀三四十年代。在多年的發展過程中，有了新老實證主義的區分。以孔德為代表的實證主義被稱為老實證主義，20 世紀頗為繁榮的邏輯實證主義則被稱為新實證主義。實證主義的最大特徵是排斥形而上學，避免透過人的理性直接把握經驗資料，強調透過觀察、經驗和歸納來獲取客觀的知識。

實證主義是關於人類認識外在於人自身世界的一整套邏輯規則或評估標準。它告訴我們關於世界的所有陳述中哪些內容是屬於知識的範圍，並為我們提供可以用來區分能夠與不能夠合理地提出問題的準則。因而，實證主義是一種規範的態度，涉及我們如何使用「知識」「科學」「認識」「訊息」等術語。同樣，實證主義的原則也區分了哲學和科學的爭論中哪些屬於值得深入探索的問題，哪些又屬於不可能得到解決或不值得考慮的問題。

實證主義為教育評估提供了一種強大的哲學基礎和邏輯方法，深刻影響並塑造了教育評估。基於實證主義的量化的評估規範告訴人們什麼樣的評估程序方法所得到的評估結果才可能是可靠的和科學的。從此出發，評估就可以被區分為科學和不科學兩類。基於實證主義的幼兒發展評估的規範，一直告訴人們和為人們樹立著評估的規範與標準。

一、量化評估的目的

按照實證主義的思路，量化的評估規範的目的主要有以下三個方面，分別是描述性目的、預測性目的和驗證性目的。

(一) 描述性目的

量化評估的目的之一就是用數量化的方式來描述評估樣本在某些方面的基本情況，同時評估者還要基於樣本的數據來推斷總體的狀況和趨勢等。通常採用的描述統計量主要有百分比、平均數、中位數、眾數、百分位數、頻數、標準差等；統計推斷問題常表述為如下形式：所研究的問題有一個確定的總體，其總體分佈 F 未知或部分未知。假設在該總體中抽得樣本，X=(x1，x2，…，xn)，要根據 x1，x2，…，xn 求出與未知分佈 F 有關的某種結論。

推斷統計的基本問題可以分為兩大類：一類是參數估計問題；另一類是假設檢驗問題。例如，某地區 5 歲幼兒的身高構成一個總體，通常認為這些幼兒的身高是符合正態分佈 N 的；從這群幼兒中隨機抽出 n 人，量得其身高數據分別為 x1，x2，…，xn，這就是從樣本身上觀測所得的數據。若要估計本地區幼兒的平均身高，即上述正態分佈的平均值 μ，這種估計就是參數估計。如果評估者感興趣的問題是「本地區 5 歲幼兒的平均身高是否超過 1.4 米」就需要透過樣本檢驗關於總體分佈的命題「$\mu \leq 1.4$」是否成立，則問題稱為假設檢驗，它是另一種推斷形式。統計推斷是用樣本推斷總體，這就決定了評估者所做的推斷不可能是非常精確的和可靠的，其結果都要用概率的形式來表達。

(二) 驗證性目的

幼兒發展的評估者或者委託方，根據以往的經驗、實地的觀察或者相關的文獻，會形成自己對於幼兒在某方面發展的期望或者假設，以及某些因素與幼兒發展之間的關聯，甚至形成關於幼兒發展的理論框架。透過量化的評估和量化的數據可以在一定程度上來檢驗上述假設、期望或者理論是否與幼兒發展的事實相符，或者匹配度如何等，為評估者修正自己的假設或者建構新的理論提供足夠的事實依據。

(三) 預測性目的

評估者或委託方為了獲得幼兒發展趨勢的預測，包括幼兒群體發展的某些趨勢或者幼兒某些方面的發展速率，評估的預測性往往被看重。預測性目

的主要用來為幼兒保教政策和相關社會政策提供現實依據，評估者依據某種幼兒發展理論，參照相關常模或者標準，對某地區幼兒進行量化測驗；或者對特定的幼兒（群體）施加個性化的影響，也往往用預測性評估為策略做合理性辯護。

二、量化評估的主題

按照量化的評估規範，幼兒發展評估的主題應該是具體的、明確的和有價值的。即評估者想要評估的內容是能被人們感覺到的資料，是可以透過觀察來感覺到的，是客觀的和具體的。為此在評估中評估者確定的評估主題或者內容必須被分解或細化為一系列可以觀察的行為，為這些行為給出操作性定義，以便於人們透過感覺來加以把握。

三、量化評估的方法與程序

量化的評估規範遵循實證主義的邏輯和思路，堅決從經驗出發來進行歸納，從而得出具有客觀性和普遍性的結論。具體來說，就是評估者對一定數量的評估對象，在一定的情景中（很多情景都是非自然的或者人為製造的）運用自己的感官或者輔助工具，運用標準化的工具（通常採用的工具是觀察工具、問卷或者訪談）來觀察或者瞭解評估對象的某個或者某些行為，收集符合統計要求的一定數量的量化數據，之後對數據進行統計分析並獲得評估結果，最後對評估對象所在的總體的情況進行推斷。

量化的評估規範都是有參照點的評估，根據參照點的不同可以劃分為常模參照評估和標準參照評估兩大類。這兩種量化的評估都源自心理測量中的常模參照測驗和標準參照測驗。在心理測量中最先發展起來的是常模參照測驗。

（一）常模參照測驗

常模參照測驗指的是把被試同常模比較來判斷被試在所屬群體中相對位置的方法。早期的心理和教育測驗，包括大部分智力測驗基本上都屬於常模參照測驗。這類測驗的目的主要是描述測量對象的個體差異，一般用於衡量

被測對像在群體中的相對水準、以選拔篩選為目的的大規模測驗中。常模參照測驗的內容一般比較廣泛，不夠具體和精確，無法準確描述幼兒在某個方面掌握的程度和發展的程度到底如何，當然也就無法為幼教工作者和家長提供有用的訊息來支持幼兒的學習與發展。在常模參照測驗中，不能將被測對象的分數拉出來單獨解釋分析，必須將其與常模進行對照才能確定其在群體中的相對位置以及與群體的差異。

常模是測驗常模的簡稱，指的是一定群體在某個測驗所測特性上的普遍表現水準或表現水準的分佈狀況。常模可分為組間常模和組內常模兩大類。組間常模最為常用的是年齡常模，反映不同年齡群體在測驗上的表現差異，主要用群體的平均數或者標準差等統計量來表示。組內常模通常採用百分等級、標準分數、離差智商等統計量作為常模。在常模參照的幼兒發展評估中，評估者在明確了評估的主題和對象後，就需要標準化評估的工具，如果是成熟的工具，一般都不需要自己建立常模，如果是評估者自己制訂的工具，就需要建立常模，然後再對幼兒進行評估，最後將評估結果與常模進行比較。這種評估既可以描述評估對像在總體上的表現，也可以描述個體幼兒與群體相比較表現出來的差異。由於常模的建立依賴於評估者抽樣選擇的樣本的情況，所以這種評估就屬於相對評估的範疇。

(二) 標準參照測驗

標準參照測驗與常模參照測驗不同的一點在於其測驗分數的解釋不是取決於常模，而是要根據測驗者在測驗實施之前就制訂的及格水準或者標準水準來進行解釋，測量對像是否及格或者達到標準的水準也不取決於他的同伴的表現水準和結果，而是完全依賴於其自身的表現。及格水準和標準水準是測驗所得分數中的某個點，評估者根據這個點的位置，將測量對象的表現劃分為具有本質差異的不同類型。標準參照測驗的內容指向具體明確的幼兒發展，會制訂出清晰的標準，評估者可以清楚地看到幼兒在某方面表現的水準與程度，這樣的訊息對於教育者改進課程與教學是非常有利的。在標準參照測驗中，標準的制訂是一個非常具有技術性和挑戰性的任務。目前已經發展出來了很多制訂標準的方法技術，但是依然不能排除制訂過程中的主觀性和

第三章 幼兒發展評估的規範

經驗參與，所以很多測驗的標準經常會引發各種質疑。在標準參照的幼兒發展評估中，評估者除了確定評估工具之外，還需要審慎地根據經驗和樣本的測量情況來確定恰當的幼兒表現及格或者標準水準，以便於將幼兒的表現與標準進行對照，進而判定幼兒在某方面具體的掌握情況和發展狀況。如美國流行的一些幼兒入學準備測驗就屬於典型的標準參照測驗。這類評估是將幼兒在某方面的行為表現與外在的固定標準做比較，可以精確地描述幼兒的發展狀況。由於外在的標準是固定的，其建立不依賴評估對象的表現，故屬於絕對評估的範疇。

（三）兩類測驗的共性與區別

對於常模參照測驗和標準參照測驗而言，都需要實現標準化，從而提高測驗分數解釋幼兒發展水準的能力。標準化的內容包括以下方面：

(1) 測驗編製程序和過程的標準化，比如按照明確測量的內容和屬性，選擇或者制訂測量工具，制訂常模；選擇正式測量對象，正式施測等；

(2) 測驗實施過程的標準化，即為所有的被試提供相同的指導語，測驗所處的物理環境的統一要求，測驗題目的順序不能打亂等；

(3) 測驗評分系統的標準化，即建立統一的評分標準，訓練評分者達成高度一致，儘量排除評分者的主觀偏見；

(4) 測驗分數解釋的標準化，即在同一測驗中採用的及格水準或者標準水準不能任意變動，必須始終保持一致。

總體來看，標準參照測驗與常模參照測驗之間有著明確的分野，但是也有著相同的屬性，都屬於標準化測驗的體系。客觀來看，兩類測驗和評估的優缺點都比較突出，相互之間也無法替代，也不存在誰比誰好的問題，它們只是兩種不同類型的測驗和評估方式，問題的關鍵不在於孤立地評論二者的好壞，而是在於評估者需要按照自己的需求來做出正確的專業選擇。

這兩類測驗及其衍生出來的評估都屬於標準化的測驗與評估，它們經常被批評之處在於過於技術化，只能反映幼兒發展的外顯且少數的簡單行為；同時這類測驗和評估嚴重脫離幼兒學習和發展的真實社會文化環境，與幼兒

園教育嚴重脫節，屬於終結性的評估，不能反覆進行評估，更無法描述幼兒學習與發展的完整過程，同時還暗含著一定的文化偏見。例如很多常模參照測驗或者評估的常模都是建立在測量評估主流文化群體幼兒的基礎上的，對非主流文化群體的幼兒就非常不利。所有這些被批評的不足或者缺陷，都在一定程度上推動了量化的評估規範的進步與深化，同時也推動了新的幼兒發展評估規範的誕生與發展。

四、量化的評估結果呈現的原則

量化的評估規範的核心是透過數量的方式來回答評估的問題，評估的結果主要是透過數量化的方式來進行呈現。通常量化的評估結果主要透過統計圖表等方式來進行呈現，同時輔之以必要的、簡要的文字說明。統計圖表(chart)為以符號構成的圖形，藉以直觀快速地表現數據間的關係。圖表是量化研究和評估的敘述中使用最多的語言，如果圖表運用得當，比起文字和表格來能更清晰準確地表達和與讀者溝通。圖表的類型眾多，需要評估者加以審慎選擇，決定評估者採用何種圖表的形式不是因為評估者有什麼樣的數據，而是評估者想說明表達的主題和評估結果的性質。

除了統計圖表的大量使用以外，量化的評估者還會大量使用表格來呈現，這些表格一般採用簡明型的風格來綜合全面地呈現統計結果，而不是直接照搬常用統計軟體 SPSS 輸出的原始統計結果。

在呈現評估結果的時候，量化的評估者必須堅持以下原則。

(一) 真實地呈現數據及其統計結果

量化的評估者運用的工具主要是數量化的工具和統計分析方法，在呈現結果的時候，無論評估的結果是否符合評估者的假設與期望，或者是否與社會的期望相悖，都必須真實地、客觀地予以呈現。這是量化的評估者必須堅持的一條評估倫理，不能為了獲得更好的評估結果來篡改原始的數據。從研究的角度來看，無論評估結果是否符合事先的假設，其真實的結果都是有用的，都是對人類知識的一種貢獻。

(二) 數據呈現的完整性

指的是在評估結果的呈現中，需要儘可能完整地呈現出數據，而不是只呈現出單一的結果或者數字。完整呈現數據既能體現評估者的嚴謹態度和反映評估者的數據處理結果，同時也便於讀者獲取更多的訊息以進行判斷。這裡的數據完整性基本不涉及描述性的統計結果，更多涉及的是推斷性統計的結果。例如，在呈現不同組的幼兒在某個方面的差異比較結果時，評估者使用了方差分析，就需要提供方差分析的完整摘要表，需要呈現組間平方和、組內平方和與組間均方等數據，同時呈現最重要的 F 值，但是評估者不能僅僅呈現 F 值，因為 F 值都是從上述數據中推導出來的。

(三) 客觀解釋

在量化的幼兒發展評估中所得的量化數據嚴格來說都是中性的不帶有價值偏向的數據，其背後的意義等著評估者去分析和解讀。而評估者的分析解讀必須尊重客觀的數據和統計分析結果，根據樣本的代表性以及統計結果的顯著性水準等做出審慎的結論與推論。無論統計結果是否達到顯著性水準，評估者都需要保持客觀中立，如果發現評估的結果與經驗、邏輯或者其他文獻上的結果不一致的時候，需要進一步探討其中的原因，而不是匆忙得出一個結論；當評估結果與其他評估者或者研究者的結論不一致的時候，就需要深入探討可能的原因，有可能是測量工具的誤差，也有可能是抽樣的誤差，還有可能是統計分析方法的區別，當然也有可能是評估者的創新發現。

量化評估的程序與方法可以圖示如下：

五、量化的幼兒發展評估的流程

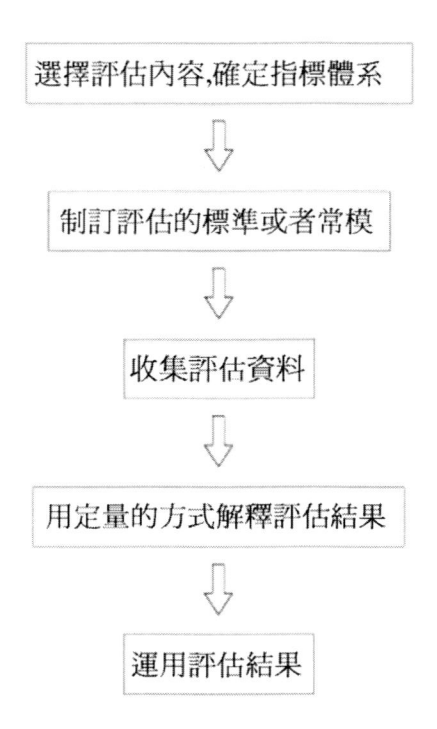

```
選擇評估內容,確定指標體系
          ↓
   制訂評估的標準或者常模
          ↓
       收集評估資料
          ↓
   用定量的方式解釋評估結果
          ↓
        運用評估結果
```

六、量化的幼兒發展評估規範的誤差

　　量化的幼兒發展評估規範採用了數字的方式來處理評估問題，而數字的表達相對精確，也容易進行比較，而且有著嚴格的評估程序，至少看上去是非常精緻和嚴謹的，很多年來人們都相信量化的評估結果也是非常可信和客觀的。其實不然，受制於幼兒學習和發展行為的複雜性以及量化的評估規範自身的缺陷，量化的評估結果一樣可能會充滿誤差，量化的評估結果也非常有可能不能夠百分之一百地反映特定群體幼兒的發展狀況。

　　不能否認，量化評估規範的每個步驟都可能產生誤差。當這些誤差累計起來之後就會嚴重地影響評估結果的可信程度。具體來說，量化的評估規範存在的誤差主要有以下幾類。

　　(一) 評估工具的誤差

在量化的評估中，評估者一定會採用數量化的評估工具來收集幼兒發展的數據，評估工具本身不可能盡善盡美，徹底地反映評估主題的本質屬性，總會存在這樣那樣的誤差。評估工具的誤差有兩種類型。有的時候，評估者是採用現有的或者相對成熟的評估工具，而不是自己開發的工具，即使這些評估工具原來具有很好的信度和效度，但由於評估者此次評估中面對的幼兒不是該工具制訂時面對的幼兒，隨著幼兒發展的社會文化經濟環境的劇烈變革，評估工具無法很好地適應現在幼兒的問題日益突出。一般而言，五年前產生的幼兒發展評估工具都很難適應五年後幼兒的發展狀況，從而會產生誤差。另一個方面，很多評估者會自己制訂評估工具，受制於評估者自身的專業水準，工具編制所花費的時間，工具的指標和評估標準是否合理，工具中題目的表述是否符合評估對象的心理發展水準，是否經過嚴格的預測和修訂，是否具有很好的信度和效度等因素，都會使評估工具本身的質量大打折扣，從而帶來評估的誤差。用充滿誤差的工具獲得的幼兒發展評估數據，是不能真實準確地反映幼兒的發展狀況的。

（二）抽樣的誤差

量化的評估規範針對的不是個體的幼兒，而是群體的幼兒。量化評估採用的是假定總體呈正態分佈，然後從樣本來推斷總體的思路，故需要一定數量的樣本才能保證量化評估的有效性，為此樣本的代表性或者典型性就非常重要。從理論上來說，樣本越大就越有可能接近總體的分佈。為了保證樣本的代表性，評估者首先要選擇足夠數量的樣本，同時要採取隨機抽樣的辦法來選擇樣本，而且最好在瞭解評估對象總體分佈的基礎上採用分層隨機抽樣的方法來選擇有代表性的樣本。但是在幼兒發展評估的實踐中，評估者在樣本選擇上會受到限制，諸如評估者未掌握總體的分佈情況，無法採用分層隨機抽樣，或者是評估的經費限制了樣本的容量等，所有這些限制都會降低樣本的代表性，當評估者在用樣本的參數來估計總體的時候，就會產生很大的誤差，導致評估結果的偏差。

（三）數據檢查方面的誤差

量化評估的數據最終都會被轉化為數字，然後輸入統計軟體進行分析。數據輸入的過程中可能犯的錯誤之一是評估者對原始數據進行編碼的時候賦值出現錯誤，例如幼兒回答「我沒有見到過兒童汽車安全座椅」在編碼系統中應該賦值為1，但是評估者卻賦值為2，這種錯誤不對照原始數據是很難發現的；錯誤之二是評估者輸入數據的時候輸入錯誤，例如某個孩子在某個變量中的值應該是4，評估者卻錯輸為3或者其他等。還有小數點位置引發的錯誤等。

因此，量化評估在數據收集結束後都必須進行數據核查。核查數據有幾種辦法可供選擇，主要是對照原始數據、用統計軟體的描述統計功能來檢查以及檢查變量的測量值分佈圖三種方法。其中，對照原始數據是耗時最多的辦法，當然也是最可靠的辦法，使用這一辦法的前提是評估者完整地運用錄影或者錄音等技術手段完整地記錄了所有的原始數據。第二種方法就是運用統計軟體的描述統計功能，對每一個變量輸出描述統計的結果，這個方法只能核查出來某個變量的極值是否出現了問題，比如某個變量賦值是從1到5，結果描述統計結果顯示最大值為6，這說明肯定是輸入錯誤。第三種辦法是運用統計軟體中的莖葉圖來看數據是否存在問題。

(四)統計方法的誤用

不同性質的變量需要用不同的統計方法來進行處理，而且不同的統計方法也有著一定的適應範圍和條件，這些都需要評估者在深入瞭解的基礎上做出判斷和選擇。

根據變量的心理測量精度，可把統計變量由低到高分為四種類型：定類變量、定序變量、定距變量和定比變量。一般來說，定類變量和定序變量用於描述定性數據，屬於定性變量；而定距變量和定比變量用於描述定量數據，屬於定量變量。定類變量必須是離散變量，而定距變量和定序變量可以是離散變量或連續變量，連續變量必須是定序變量或定距變量。

定類變量又稱為名義(nominal)變量。這是一種測量精確度不高且基於事物本質屬性的變量，它的取值只代表幼兒在某些方面的不同類別，沒有高

低和順序之分。例如幼兒的「性別」變量、「幼兒母親的職業」變量等都屬於此類。最常用來綜合定類數據的統計量是頻數、比率或百分比等。

定序 (ordinal) 變量又稱為有序變量、順序變量，它的取值的大小能夠表示幼兒在某些方面表現的順序關係，諸如等級、方位或大小等。例如，「幼兒父親的最高學歷」變量的取值為：1——高中、高職及以下，2——技職院校，3——普通大學，4——研究所以上，該變量為典型的定序變量。該變量適合用集中趨勢的統計量，如中位數等來進行統計分析。

定距變量又稱為間隔 (interval) 變量，它的取值之間可以比較大小，可以用加減法計算出差異。例如，「幼兒的年齡」和「智商分數」變量。常用的統計量如均值、標準差、相關係數等都可直接用於統計分析此類變量。

最後一類變量是定比變量，又稱為比率 (ratio) 變量，它與定距變量意義相近，細微差別在於定距變量中的「0」值只表示某一取值，不表示「沒有」。

統計方法的誤用中還有一種非常隱秘的表現，就是評估者在用統計軟體處理數據的時候，選擇了某種分析的方法，諸如方差分析或者因素分析，但是評估者為了求得更

好的評估結果，可能擅自改變統計軟體對話框中的參數設置。這種誤用透過統計結果是很難發現的，解決的唯一辦法就是評估者自身加強自律和遵守評估的倫理。

第二節 質的幼兒發展評估規範

量化的評估規範是跟隨心理測量而率先發展起來的一種評估規範，至今仍然在學前教育評估領域占有重要的位置，但是這並不代表量化的評估規範無懈可擊。質的評估規範就是發現了量化的評估規範存在的缺陷，在不斷批判量化的評估規範中發展起來的一種新的評估規範。

量化的評估規範有著重要價值和意義，但是也有著嚴重的不足。一方面，幼兒的很多行為和發展是無法用外顯的行為和量化的方式來量度的，比如幼

兒的創造性人格，情緒體驗等都很難量化為具體的行為指標；另一方面，量化數據的分析和意義的闡釋必須回到質的方法上來。

量化的評估規範主要運用基於實證主義的科學思維和數量化的方式，對幼兒那些可以被觀察和測量的具體行為進行定量的描述與分析，基於數量化的數據來做出判斷。這一規範取得了重大的成功，至今依然在教育評估的領域中居於中心位置。雖然量化的評估規範也在不斷進步和發展，但是依然難以掩蓋其自身的侷限，那就是數量化的思維和方式拋棄了那些必須用來解釋幼兒發展結果的過程性資料，拋棄了評估者和評估對象的主觀世界。這一問題引起了很多學前教育研究與評估人員的反思。在人類學、解釋學、現象學等哲學思潮的啟發下，一種新的社會科學與教育研究的路徑發展起來，那就是質的研究方法，教育研究方法的這一變革也帶動了教育評估規範的革新，於是在批判量化的評估規範的基礎上，新興的質的評估規範開始發展起來。

評估問題在本質上是質的問題，而不是數量的問題。關於評估的關鍵問題主要有：幼兒發展評估的目的、評估的範圍、評估結果的解釋與運用等，都是質的問題，不可能單獨依靠數字來回答上述問題。量的評估方法主要是透過用數量的方法來就那些可以被量化的行為進行大規模收集資料，從而來分析和判定評估者所期望的行為是否發生、發生的方向與幅度等。過度採用量化的評估方法和技術，大人為簡化了複雜的教育情境和忽略了不同幼兒園之間的基礎與差異。

一、質的教育評估的概念

一般認為質的教育評估主要指的是運用質的評估規範來從事評估的評估活動，在教育現場的自然情景中收集多元化的資料，主要運用文學、美學、藝術、歷史等領域的模式方法，透過文字和圖像來理解要評估的對象和內容，透過歸納來得出評估結果的過程。質的教育評估中評估和研究的界限比較模糊。

按照艾斯納在 1983 年的說法，質的教育評估評估的不是一組片段，觀察的對象也不是具體的可操作的行為，比較的方式也不是測量和比較兩者在

量上的差異，而是用一個價值體系來評估個體學習行為的意義，評估中必須考察行為脈絡。艾斯納的這一觀點已經指出了質的評估與量化評估的根本區別所在。後續有很多學者都討論到了質的評估與量化評估相比較所展示出來的特徵。

綜合各家學者的觀點，可知質的教育評估具有以下特徵：

1. 質的教育評估在自然情景中收集資料。評估者本身即是主要的評估工具，質的評估的解釋必須放置在關聯的情景脈絡中。

2. 質的評估是敘述性的。質的評估重視整體形象的顯示，而不是其中的數字，文字敘述中的任何線索都可能有助於整體形象的瞭解，因此不將其簡化為數字。

3. 質的評估重視過程更甚於重視結果或者產物。質的評估能敘述目標在活動中的展現過程以及教師、學生和活動的互動過程。

4. 質的評估探討特定個案後歸納分析資料，獲致特殊意義，並不以建立可預測的未來或者可重複的法則為目的。

5. 質的評估的主要焦點是意義和獲得意義的過程，而不是只有容易觀察和操作的表象。

與標準化測驗相比，大部分的教師在使用質的評估的時候，其評估方式屬於非正式的，並且富有更多的彈性。

質的幼兒發展評估規範從屬於質的教育評估範疇。具體來說，質的幼兒發展評估關注的就不是幼兒自己與自己以往或者幼兒自己與某個群體之間的量化的差異，或者量化的幼兒學習結果，而是要瞭解和解釋幼兒是如何學習與發展的，學習與發展中經歷了什麼，到底學到了什麼，為什麼學到的是這個而不是那個等量化的評估規範無法回答的問題。

二、質的教育評估的理論基礎

與量化評估基於實證主義思想來建構自己的體系不同，質的評估規範則是基於人類學、解釋學以及後實證主義等哲學思潮發展起來的，其主張與實

證主義大相逕庭，這也導致質的教育評估與量化的教育評估產生分野。總體來看，對質的研究和教育評估的發展產生重要影響的理論主要是人類學、解釋學和紮根理論。

人類學 (Anthropology) 是從生物和文化的角度對人類進行全面研究的學科群。此詞由 anthropos 和 logos 組成，從字面上理解就是有關人類的知識學問。和其他學科相比，人類學的田野調查 (fieldwork) 是該學科中頗具特色的一環。人類學家進入要研究的文化群體，對這一族群及其文化進行的調查和研究，被稱為田野調查。田野調查是指經過專門訓練的人類學者親自進入某一社區，透過直接觀察、訪談、居住體驗等參與方式，獲取第一手研究資料的過程。質的教育評估從人類學中看到了人文性，學到了平等對待評估對象和放棄科學性、普遍性的追求與先入為主的主觀想法，具體借鑑了人類學中的標誌性研究方法——參與式觀察和深度訪談作為收集資料的主要方式，同時從個體的角度出發來對個體的整體、文化等進行闡釋和翻譯。

解釋學 (Hermeneutics)，又稱詮釋學、闡釋學，是關於文本解釋的哲學理論。「文本」的概念在解釋學裡不是單純指的文字本身，而是被擴展為書面文件。例如：講話、表現、藝術作品和事件。因此，任何一個人都在細說或者詮譯「社會文本」。世界上充滿了文本，必然就存在著對文本的解讀和理解。解釋學的兩位大師對理解過程都做了精闢的闡述。海德格爾認為理解是主觀的，理解本身具有歷史性，取決於觀者先前的理解，有所謂的「前結構」，因此理解要以「前理解」和「前結構」為前提。迦達默爾進一步提出了理解的「歷史性」「視界融合」「效果歷史」等概念。視界融合 (又譯為視域融合)：理解的過程是在文本的作者原初視界和解釋者現有視界的交織融合，達到一種既包容，又超出文本與讀者原有視野的新的視界，造成了一個理解有賴於前理解，前理解又有賴於理解的循環，這就是所謂「解釋學的循環」。質的教育評估主要從解釋學中借用了文本的概念及其相關理論，將質的教育評估視為一種收集文本並進行理解和解釋的過程，文本本身是多種多樣的，理解文本的過程則是評估者和文本的作者——評估對象進行視域融合的過程，不否認評估者的前結構或者成見，二者相互依賴共同建構和敘述意義。

第三章 幼兒發展評估的規範

紮根理論 (Grounded Theory) 是一種定性研究的方式，其主要宗旨是從經驗資料的基礎上建立理論。研究者在研究開始之前一般沒有理論假設，直接從實際觀察入手，從原始資料中歸納出經驗概括，然後上升到系統的理論。這是一種從下往上建立實質理論的方法，即在系統性收集資料的基礎上尋找反映事物現象本質的核心概念，然後透過這些概念之間的聯繫建構相關的社會理論。紮根理論一定要有經驗證據的支持，它的主要特點不在於其經驗性，而在於它從經驗事實中抽象出了新的概念和思想。在哲學思想上，紮根理論基於後實證主義的規範，強調對已經建構的理論進行證偽。紮根理論的精髓在於自下而上地對經驗資料進行歸納和濃縮，逐步形成適用於特定時空的理論，反對從事先的假設和邏輯來進行推理演繹。在紮根理論的指引下，研究者在收集資料和分析資料的時候，要時刻保持對理論的敏感度，主要是對前人的已有理論和研究者自己的理論保持敏感度，同時尋找那些可以為建構新的理論提供線索的資料。紮根理論的操作程序一般包括：

(1) 從資料中產生概念，對資料進行逐級登錄；

(2) 不斷地對資料和概念進行比較，系統地詢問與概念有關的生成性理論問題；

(3) 發展理論性概念，建立概念和概念之間的聯繫；

(4) 理論性抽樣，系統地對資料進行編碼；

(5) 建構理論，力求獲得理論概念的密度、變異度和高度的整合性。

對資料進行逐級編碼是紮根理論中最重要的一環，其中包括三個級別的編碼。質的研究和評估吸收了紮根理論中關於理論必須來源於原始資料的主張，借鑑了其運用比較的方法來建構理論的方法和思路，將其用來對評估對象進行定性的評估。

三、質的教育評估的程序

相比較於量化的幼兒發展評估規範具有清晰的可操作性的步驟和流程，質的幼兒發展評估規範則不具備清晰明確的步驟，但是依然有一些基本的步驟，否則質的評估就會陷入徹底的相對主義。

(一) 明確要評估的主題或者問題

質的研究與評估強調參與式觀察，推崇紮根理論，提倡彈性化的進程，但是依然不能脫離研究或者評估的核心，那就是主題或者問題。任何從事質的幼兒發展評估的評估者在評估之前都會聚焦到某個主題或者具體的問題上。當然質的評估者一般不會像量化的評估者那樣將這個問題看作固定不變的，而是叫做「預兆式問題」，也就是說評估者需要從這個問題或者主題出發去展開評估，問題只是對評估提供方向和指引，但是評估過程絕對不能受到前置問題的羈絆與限制，評估的主題和內容在評估過程中會不時得到評估者的修正，有可能到了最後評估者最終更關注的問題與預兆式問題會相去甚遠。例如評估者在評估之前的預兆式問題可能是想評估某個幼兒的創造性的表現，在此問題的引導之下，評估者會用自然主義的方式來觀察和瞭解幼兒的學習發展情況、家庭背景、幼兒園的課程與教學等，可能最終會將評估的主題或者問題進一步具體化為幼兒在音樂領域的創造性表現，以便評估者能更為深入全面地評估幼兒在某個具體方面的創造性表現，而不是限於籠統、模糊的整體性描述。

(二) 選擇參與評估的幼兒

質的評估者不會採用分層隨機抽樣的方式來選擇一群幼兒作為自己的評估對象，而是會進行目的性抽樣，一般情況下評估者都會根據此次評估的主題和目的來確定攜帶最大訊息量的幼兒作為參與評估的對象，有的時候也會選擇一些極端的個案作為評估的對象，甚至也會選擇能反映群體狀況的幾個個案作為評估的對象等。假定評估的主題是幼兒解決社會性衝突的能力，那麼按照目的性抽樣的原理，評估者既可以選擇那些經過觀察被認定有能力或者被教師認為有能力的幼兒作為評估對象，因其身上攜帶著非常豐富的訊息

第三章 幼兒發展評估的規範

;評估者也可以選擇那些在某個群體中社會性發展較好的幼兒或者處於群體邊緣位置的幼兒作為評估的對象,這就屬於選擇極端的個案作為評估的對象;當然評估者還可以同時選擇能力發展較好的幼兒和較弱的幼兒作為評估對象,因為這兩類幼兒就可以反映這個群體在這方面能力的差距和差異。總的說來,目的性抽樣的方法較多,不同的抽樣方法會選擇不同的幼兒作為評估對象,所獲得的數據資料也會有不同,評估者必須通盤考慮後做出理智的選擇。

(三)資料收集

質的幼兒發展評估規範的資料收集,大大不同於量化的評估規範,不會採用測量、結構式觀察以及前後測等方式,也不會下操作性定義和控制無關的變量,而是在整個評估過程中都要收集幼兒發展的數據資料。這些資料包括一切與幼兒發展相關的數據資料,它們可以是文字,也可是圖像、視頻,還可以是孩子的作品、言語行為等,類型多樣。在資料的收集中,質的幼兒發展評估者主要運用參與式觀察和深度訪談來獲得第一手的評估資料。

(四)資料分析

質的幼兒發展評估規範的資料分析,主要是評估者綜合研究所收集的各類型、不同介質的數據資料,採用描述的方法,理出主要的主題和事件、確定主要的發展線索和敘述方式,力圖用深度描述的方式來還原幼兒在某個方面的學習過程與結果,並得出評估結果,但是不會將結果推論到其他類型的個體、群體或者情境。在資料分析的過程中,質的評估者也不是完全排斥量化的評估規範和數據,也會用到量化的數據來增強某些局部或者細節的描述效果,但是評估者往往只願意採用描述性的統計數據,而不會採用推斷性的統計數據和結果,這是與其理論基礎保持一致的。同時,質的評估者還會採用透過內容分析法所得到的數據來充實自己的描述。

(五)導出評估結論

與量化的評估規範在評估的最後一刻得出評估結果不同,質的幼兒發展評估規範將結果的得出分散到評估的各個步驟,融合在自己對幼兒發展的敘

述和描述中。這種結果更多是一種評估者對幼兒發展的詮釋,具有很強烈的個性化色彩和情景化特徵。

四、質的幼兒發展評估的信度和效度

信度 (reliability) 和效度 (validity) 本來是量化的評估規範採用的術語,其實也適用於質的評估規範,因為無論是評估者還是評估報告的閱讀者都期待評估工作是可靠的、評估所得的結果的確準確描述了幼兒的發展。信度即可靠性,它指的是採取同樣的方法對同一對象進行重複測量時,其所得結果相一致的程度。從另一方面來說,信度就是指測量數據的可靠程度。效度即有效性,它是指測量工具或手段能夠準確測出所需測量的事物的程度。效度是指所測量到的結果反映所想要考察內容的程度,測量結果與要考察的內容越吻合,則效度越高;反之,則效度越低。這兩個概念不能生搬硬套在質的評估中,質的評估在處理信度和效度方面,有不同於量化的評估規範的獨特之處。

與量化的評估規範儘可能保持客觀和排斥評估者的主觀介入不同,質的評估規範中不可避免地充滿了評估者的偏見和自己的想法,評估者看到的不一定是真實的和全面的,有可能被評估對象和情境誤導,為了提高評估的信度和效度,現在已經發展出來了一些技巧和策略來驗證和確定評估者自己認為自己看到的和聽到的是不是真的是他們自己親眼看到的和親耳聽到的。提高質的評估的信度和效度的辦法有不少,歸納起來主要有以下幾個方面。

(一) 對於同樣的事件要使用不同來源的訊息加以相互印證

評估者想要評估幼兒的同伴關係,除了觀察幼兒的同伴交往狀況和訪談幼兒之外,還需要訪談幼兒園的教師來瞭解幼兒的人際交往狀況,同時也要訪談家長來瞭解幼兒在園外的人際交往狀況以及家長對幼兒人際交往能力的描述和判斷等資料,然後將這些資料相互比對和印證。如果各方彙集來的資料對幼兒同伴交往的描述趨於一致,說明評估資料是有效的,可以認定為事實並作為判斷的依據;如果各方彙集來的資料之間對幼兒同伴交往的描述不盡一致,或者存在相反的描述,這對評估者來說可不是一個好消息,這很有

第三章 幼兒發展評估的規範

可能意味著所收集的評估資料是無效的，利用這些資料做出的評估結果的信度和效度就可想而知了。

(二) 在評估資料中儘量保留和使用幼兒、家長或者教師所用的語言

一方面，評估者在收集資料的過程中不能隨意對原始的數據資料，尤其是幼兒、教師或者家長等的原始語言進行改寫或者概括，甚至按照自己的理解來進行記錄；另一方面，評估者需要努力去理解他們所使用的語言及其想表達的意思，對一些方言和俚語要特別重視，要多方核實和尋求相關人員的幫助，以保證自己能正確理解，否則將會產生無效的數據資料，進而影響評估結果的信度和效度。

(三) 在不同時段對同一個人進行觀察或者訪談

評估者不能將數據的收集侷限在某個時間點上，並據此做出分析和結論，這樣做的風險比較大。適宜的做法是對同一個觀察的對象或者訪談的對象，在不同的時段進行觀察和訪談，然後考察分析在不同時段所得到的數據之間的內部一致性，如果不同時段的數據比較一致，則說明這些數據是有效的和可靠的；如果數據之間差異比較大，則說明收集數據的方法或者觀察對象、訪談對象自身存在需要進一步探究的地方，評估者不能根據這樣的數據做出結論和推論。

(四) 使用錄音工具記錄訪談現場聲音

為了保證數據的質量和完整性，收集資料的時候最好使用錄音筆或者錄影機。使用這些設備可以在一定程度上解放評估者，並保證數據的完整性和準確性，評估者可以反覆查閱和研究數據，並且能夠在數據收集的過程中將注意力轉移到分析思考和推論上來。當然使用這些設備之前必須徵得受訪者或者評估對象的同意，不能私下偷偷錄音或者錄影，以免侵害相關人員的權益。

(五) 根據評估結論的實際效果來反推評估的信度和效度

質的幼兒發展評估規範雖然注重描述，但是還是要得出一定的評估結果。如果評估者或者其他人員能根據這些評估結果去行動或者實踐，就可以在一

定程度上檢驗評估的信度和效度。實踐的效果比較好，或者評估對象面臨的發展問題在一定程度上得到瞭解決，則表明評估本身具有較高的信度和效度，如果根據評估結果採取行動後沒什麼實際效果，則表明評估結果的信度和效度非常值得懷疑。

五、量化的評估規範和質的評估規範的比較

量化的幼兒發展評估和質的幼兒發展評估有著本質的區別，構成了目前幼兒發展評估的兩種主要規範。這兩種規範在理論基礎、對學習的認識、具體的評估技術和方法等多方面都存在重大的差異，下面對其進行比較，以便加深對兩種規範的認識。

表3-1　兩種幼兒發展評估範式的比較

	量化的評估範式	質的評估範式
1.理論基礎	心理測驗理論和各種智力理論	主要是解釋學、人類學、紮根理論以及多元智力理論等
2.評估的目標	瞭解幼兒在某些方面獲得的具體的可觀察的學習結果與學習程度	瞭解幼兒是如何學習、思考的以及學習的多方面結果
3.評估的內容	多數為與語言和認知發展有關的知識、技能	評估幼兒在眾多發展領域的發展過程與狀況，不會局限在某個特定的發展方面或者領域

第三章 幼兒發展評估的規範

	量化的評估範式	質的評估範式
4.評估的方式	主要是以心理測量為代表的量化方式,獲取資料的方式主要是測量、觀察等	主要是通過收集幼兒的作品、言語、行為表現等方式來深度描述幼兒學習的過程和結果
5.與課程的關係	量化評估一般都與課程分離而單獨進行,二者之間多為平行或者並列的關係,保持著比較緊張的關係	評估與課程教學的關係比較模糊,二者往往緊密結合,融為一體
6.評估的假設	評估是客觀的過程;評估只能評估那些可以觀察和測量的行為;必須用統一的工具和統一的標準在相同的時間對所有的幼兒進行測量和比較	評估是一個主觀互動的複雜過程;每個幼兒都是獨一無二的;應該用人本主義的方式和整體觀來看待和評估幼兒的發展
7. 評估的常用技術	評定量表 檢核表 心理測驗 實驗法	學習檔案 動態評價 以遊戲為腳本的評價 作品取樣系統
8. 常用術語	信度 效度 測量 常模	作品 檔案 表現 多元
9.評估所收集數據的類型	量化的數據,主要包括各類測驗上的得分,觀察工具上對行為賦予的數值等	質的數據,主要包括文字、圖片、影片、作品、實物等
10.對數據的分析	主要運用各種統計分析方法,諸如用描述統計、相關分析、方差分析、路徑分析等方法深入挖掘資料	主要用定性的分析方法來分析數據,比如話語分析方法以及紮根理論的三級編碼等方法來分析
11. 評估結果的解釋	主要是通過與常模或者與其他同伴的比較來確定幼兒在群體裡的位置和表現不佳的方面,然後再尋找表現不佳的原因	主要是通過幼兒與自己過去的比較來理解幼兒當下的發展,重在分析幼兒取得了哪些進步以及這些進步是如何取得的
12.對評估對象的影響	對那些在評估中表現不好的幼兒和家庭會產生很大的心理壓力,導致幼兒和家長的自我評估降低,從而對評估產生畏懼和抵觸情緒	一般不會對評估對象和家庭產生不良的情緒影響,相反還有可能增強評估對象和家庭的信心,增進評估者與評估對象之間的信任關係

本章回顧

　　按評估規範分，幼兒發展評估可以分為量化的評估和質化的評估。量化的評估規範都是有參照點的評估，根據參照點的不同可以劃分為常模參照評估和標準參照評估兩大類。量化的評估應堅持真實地呈現數據及其統計結果、數據呈現的完整性、客觀解釋等原則；主要出現並應避免的誤差包括：評估工具的誤差、抽樣的誤差、數據檢查方面的誤差、統計方法的誤用。質的教育評估主要指的是運用質的評估方法來從事評估的評估活動，在教育現場的自然情景中收集多元化的資料，主要運用文學、美學、藝術、歷史等領域的模式方法，透過文字和圖像來理解要評估的對象和內容，透過歸納來得出評估結果的過程。質的評估程序包括：明確要評估的主題或者問題、選擇參與評估的幼兒、資料的收集、資料的分析、導出評估結果。質的幼兒發展評估也應該保證足夠的信度和效度，主要技術為：對於同樣的事件要使用不同來源的訊息加以相互印證，在評估資料中儘量保留和使用幼兒、家長或者教師所用的語言，在不同時段對同一個人進行觀察或者訪談，使用錄音工具記錄訪談現場的聲音，根據評估結果的實際效果來反推評估的信度和效度。

思考題

1. 簡述量化評估的程序和方法。
2. 簡述量化評估常見的誤差和處理方法。
3. 簡述質的評估的程序。
4. 如何確保質的評估結果有較高的信度和效度？
5. 理解量化的評估和質的評估的區別。

第四章 幼兒發展評估方案的建構

第四章 幼兒發展評估方案的建構

　　幼兒發展評估本身是個系統工程，而且每次具體的評估在理念、目的、資源條件、結果運用等方面都存在差異，為此必須妥善規劃。為了保證幼兒發展評估按照既定的目標順利高效地進行，在評估工作開展之前制訂相對完整、專業的總體方案是非常必要的。

　　評估方案其實就是對某次幼兒發展評估的總體規劃與設想，是整個評估工作的「綱」，它規定了整個評估的價值取向、所要達到的目的、評估的主體、評估指標體系、評估資料的收集方法以及資料的分析解釋等等一系列評估的關鍵問題，類似於幼兒教育研究中的研究方案。

案例

　　幼兒發展評估方案

　　一、重點提示

　　幼兒發展評估要承認和尊重幼兒在經驗、興趣、學習特點等方面的個體差異。評估要重視過程性的評估，要以發展的眼光看待幼兒，既要瞭解幼兒的現有水準，更要關注他們的發展潛能。幼兒發展評估要重視在日常活動中採用觀察、記錄、交談、幼兒作品分析以及與其他工作人員、家長交流等多種方式，瞭解幼兒的發展狀況。

　　二、評估目標

　　1. 透過評估，發現每個孩子的智力潛力和特點，幫助幼兒實現富有個性特色的發展，提供一條建立自我價值的有效途徑，最終實現幼兒全面和諧的發展。

　　2. 評價的過程是教師運用專業知識審視教育實踐，發現、分析、研究、解決問題的過程，有效促進教師的自我成長。

　　3. 幼兒發展評估為幼兒園課程建設提供有效的反饋訊息和改進意見，促進幼兒園課程的日臻完善和發展。

三、評估體系

評估體系包括健康、語言、社會、科學、藝術五大領域，每個領域由若乾發展方面組成，每一方面又包括若干評估項目，其結構如下：

領域	發展方面
健　康	生活衛生習慣——如廁盥洗、用餐、穿衣午睡、公共衛生
	安全保健——安全意識、自我保健
	動作發展——活動興趣、大肌肉動作、精細動作
語　言	傾聽理解——傾聽習慣、理解能力
	表現表達——表達能力、表現欲望
	早期閱讀——興趣習慣、閱讀能力
	前書寫——正確姿勢
社　會	自我意識——自我認識、自我體驗、自我控制
	情緒情感——情緒表達與控制、道德感
	社會交往——交往態度、交往能力、文明行為習慣
科　學	情感態度——興趣與求知欲、合作
	能力——觀察、感知分類、想像、動手操作
	知識經驗——自然、環境、科技
	數學——時間、空間、形體、守恆、數
藝　術	音樂——興趣愛好、欣賞表現
	美術——繪畫、美工、欣賞

每一指標的等級標準劃分為三級，從低到高呈現發展的層次性（個別知識經驗方面的指標不具有這種特點，主要是量的增加，不是質的變化）。制訂等級標準的依據，一是發展心理學的研究成果，二是幼兒園教師在教育教學實踐中積累的有關幼兒發展的經驗，三是幼兒園教師得到的幼兒實際發展情況的有關事實依據。

四、大班評估內容

(一) 健康發展

1. 有粗淺的衛生知識，具有良好的生活衛生習慣及自理能力，具有一定的公共衛生習慣。

2.參加並適應各種有合理密度和運動量的體育活動。

3.各種基本動作協調、準確、靈敏，有一定的耐力和速度，姿勢正確，會安全、熟練地使用運動器械。

4.經常保持愉快的情緒，對外來影響有一定的適應和控制能力，遇到挫折不氣餒。

5.有一定的自我保護意識和能力，活動時注意安全。

6.適應環境、氣候和生活條件的變化，對疾病有一定的抵禦能力。

(二)社會能力

1.知道我們的國家，知道國家的主要歷史、名勝古蹟及能理解世界之最。

2.能主動關心集體和同伴，樂意為集體和同伴做力所能及的事。

3.瞭解自己周圍各行各業人們的勞動，熱愛勞動者，珍惜勞動成果。

4.正確評估自己和別人，願意學習他人的優點，不譏笑他人的缺點。

5.自由結伴進行遊戲活動，會以恰當的方式與同伴交往、合作。

6.知道重大的節日和一些重大的社會事件。

7.有良好的規則意識，能負責地完成自己接受的任務，做錯了事情勇於承認錯誤。

8.能傾聽和接受別人的意見，不能接受時會說清楚。敢於堅持自己的意見並說出理由。

(三)語言發展

1.能用普通話大方地與人交談，願意與他人討論問題。能有序、清楚、連貫地講述一件事情。

2.能集中地傾聽他人講述，別人講話時能積極主動地回應，聽不懂或有疑問時主動發問。

3.寫字畫畫時姿勢正確，對文字符號感興趣，知道文字表示一定的意義。

4. 能圍繞主題講話，並以恰當的語言表達自己的情感。

5. 經常專注地閱讀圖書，能說出所閱讀的幼兒文學作品的主要內容，能對文學作品進行大膽的擴展想像並仿編、續編。

6. 願意用圖畫和符號表現事物和故事，能正確書寫自己的名字。

(四) 認知技能

1. 對自己感興趣的問題總是刨根問底，能經常動手動腦尋找問題的答案，對探究發現感到興奮和滿足。

2. 喜歡接觸大自然，對周圍的事物和現象感興趣，有好奇心和求知慾。瞭解四季的主要特徵及其與人們生活的關係。

3. 能察覺到動植物的外形特徵、習性與生存環境的適應關係，珍惜自然資源，有較好的環保意識，積極參加環保活動。

4. 能長時間地參與小實驗，能與他人合作，並以適當的方式表達、交流探索的過程和結果。

5. 能透過實物操作等方法進行 10 以內數的組成、加減運算。能用簡單的圖表表示簡單的數量關係。

6. 會運用一些簡單的數學方法 (排序、統計、分類等)，解決生活和遊戲中的簡單問題。

(五) 藝術表現

1. 積極地感受並喜愛環境、生活和藝術中的美，並能用獨特的方式表現自己對美的感受。

2. 熟練地選擇和使用手工工具和資料，運用不同的技法表現自己的想法和感受，會恰當地運用各種色彩的調配，表現畫面的深淺、冷暖關係，富有想像力和創造性。

3. 能用自己製作的美術作品佈置環境、美化生活。願意和別人分享交流自己喜愛的藝術作品和美感體驗。

4. 主動地參與音樂活動，態度積極、情緒愉快，能大膽地想像音樂的意境，表現自己的情感和體驗。

5. 學習多種形式的演唱方法，注意控制、調節自己的歌聲，有感情地演唱。

6. 音樂活動中，會比較準確地按音樂的節奏做各種動作，用多種樂器隨音樂打出不同節奏。

五、具體實施的原則及要求

1. 明確評估目的，全面瞭解幼兒的發展狀況。

2. 觀察、評估幼兒宜在自然的情境中進行。

3. 幼兒發展評估應強調多元價值取向。

4. 幼兒發展的評估應結合描述性評估。

六、評估方法與過程

評估的過程要注意收集來自教師、家長、同伴、幼兒自身及社區等的訊息。教師對幼兒的評估、同伴間的評估、家長對幼兒的評估、社區對幼兒的評估都應重視過程性的評估，將評估和幼兒的日常活動有機結合，既要看幼兒的全面和諧發展，又要關注某一方面的突出表現。

觀察法、調查與訪談法：以自然觀察為主，教師收集大量真實的透過自然觀察所獲得的資料，提供豐富的反映幼兒發展狀況的事實依據。觀察記錄可以採用文字、表格、照相等方式。

可根據需要設計問卷，瞭解幼兒在園內園外的生活經驗，廣泛收集幼兒發展的訊息。對象可以是教師、家長、社區、幼兒等。

測試法：主要適用於幼兒健康分析，對幼兒進行體質測定，理解幼兒體質發展現狀以及變化趨勢，幼兒主題領域發展評估。

備註：適用於幼兒體檢、健康指數測查、主題領域發展評估表等。

檔案評估法：這是一種綜合性的評估方法，它包括對幼兒在長時間內的發展進行觀察與記錄，經過整理後進行整體評估，反映幼兒在一個階段內的學習過程與成長軌跡。

作品分析法：收集幼兒不同時期具有代表性的、各個領域的作品，分析幼兒的發展和進步。

問題聚焦

上述幼兒園制訂的評估方案完整嗎？這個方案可能是如何制訂出來的？

學習目標

1. 瞭解幼兒發展評估方案的構成。
2. 掌握幼兒發展評估方案的制訂過程。

第一節 幼兒發展評估方案的構成

幼兒發展評估方案可以有不同的寫法和組織結構，但是其主要內容大致相同，主要包括評估的架構、評估的實施與評估者所扮演的角色三個大的方面。

一、幼兒發展評估的架構

(一) 評估的目的

就幼兒發展評估來看，評估的目的可以有多種，可以是診斷幼兒發展中在某個方面存在的問題和所需要的幫助與介入等；可以是鑒別特定群體或者特定幼兒在特定方面的發展水準，以及在群體中所處的位置等；也可以是以幼兒發展的狀況為主要指標來反映幼兒教師的教學情況以及幼兒園的教育質量等；也可以是為了改進幼兒園的教育教學而進行幼兒發展評估；還可以是為了出臺某項政策而收集所需要的幼兒發展的事實與證據等。正是由於評估目的呈現多樣化的狀態，評估者在事先就需要根據多方面的訊息來選擇和確定評估的目的以引導整個評估的進行。

(二) 評估的主體

評估的主體主要涉及的是由誰來評估幼兒發展的問題。從理論上來分析，有資格和權力成為幼兒發展評估主體的人員或者機構有很多，可以是幼兒的家長，可以是來自高校的專業研究人員，也可以是幼教行政管理部門的人員，還可以是來自第三方的幼教專業組織或者專門的評估機構，當然也有可能是幼兒自己。

事實上，擁有理論上可能的評估權力在現實中並不一定能夠成為實際權力。長期以來，幼兒發展評估的權力基本壟斷在幼教行政管理部門手中，問題在於教育行政部門的人員往往並不擁有評估所需要的專業知識與技能，而那些擁有評估的專業知識和技能的人員則一直游離在幼兒發展評估的外圍。從實踐的層面來看，教育行政部門由於人力和時間以及能力等的限制，較少從事大規模或者地區性的幼兒發展的評估，也很少去評估某個幼兒園的幼兒發展狀況，更多從事的是一些與管理有關的宏觀方面的評估，諸如教育質量、設施設備水準、管理水準、師資等等，加上相對客觀專業的第三方幼兒發展評估機構在國內尚未發展起來，現實中的絕大多數幼兒發展評估其實都是由幼兒園和幼兒園的教師來進行的，在這個過程中家長的參與也比較少，所以就形成了教育行政部門擁有形式上的幼兒發展評估的權力，而實際上該權力主要為幼兒園和幼兒教師所享有的局面。

關於幼兒發展評估的主體，需要從以下幾個方面仔細加以考慮。

一是必須堅持多元評估主體，即評估不能被某個群體或者團體壟斷，必須向其他擁有評估權利的主體開放，將與幼兒發展評估的內容和對像有關的主體捲入評估過程中，從多渠道和多角度來蒐集評估資料，力圖真實地反映評估對象發展的狀態。個中緣由也很容易理解，評估主體的單一化帶來的後果就是幼兒發展評估可能被塑造為由外在於幼兒與其家庭的力量來控制的、充滿文化、種族和社會等偏見，以終結性為主的過程，而且導致幼兒園或者幼兒家長壓力過大，幼兒發展評估與幼兒園課程之間不協調等一系列問題。

即使是受過專門訓練的幼兒發展評估者也不能保證自己不犯錯誤，能夠將所有的問題考慮周全，能夠權衡和保護所有人尤其是幼兒與家長的利益，

第四章 幼兒發展評估方案的建構

為此必須引入其他群體,確保多元主體的權利與參與。需要指出的是,堅持評估主體多元化不是否定專業評估人員的地位與角色,更不是要那些不具備專業評估素養的人來組織和領導整個評估過程,而是讓整個評估過程更為民主和開放。

二是要根據評估的目的和任務來選擇居於主導地位的評估主體。在幼兒發展評估中需要引入多元主體,傾聽來自各方的聲音,但是依然需要一個處於主導地位的主體,否則各方的聲音將雜亂無章,無法得到有效的結果。舉例來說,如果某些評估的任務在於透過幼兒發展的狀況來評估幼兒園的教育質量並對其進行質量排名,這個時候評估主體當然可以多元化,家長、幼兒、幼兒園、教師、專業的研究人員都可以參與,但是處於主導地位的應該是與這些幼兒園沒有利益關係的、相對獨立客觀的而且專業的第三方評估機構;如果評估的目的是為了驗證某種方案或者介入能否促進幼兒在某個方面的發展,則需要將評估的權力交給來自高校和研究機構的專業人員,而不是第三方的評估機構或者其他主體。

三是重視家長的權利與參與。從理論上來分析,家長絕對有權利參與對其幼兒的評估,並享有一定的知情權,但是在具體的操作過程中,家長很少有機會成為評估的主體,同時也很容易被居於主導地位的其他評估主體所忽略,這其實是非常不應該和不合理的。之所以這麼認為是因為幼兒在幼兒園的時間遠遠少於在家裡的時間,家庭是幼兒生長發育的生態環境的重要組成部分,其重要性只會高於幼兒園而不會低於幼兒園,為了儘可能還原幼兒學習和發展的總體環境,準確認識幼兒園教育對幼兒發展的影響,為幼兒發展評估提供更為豐富和真實的資料,都需要家長的深度參與和協作。

(三) 評估的主題與內容

在兒童發展心理學、生理學、醫學、文化學、社會學、學前教育學等學科的推動下,時至今日已經基本形成了關於幼兒發展的框架,擁有了大量用來描述和解釋幼兒發展的範疇、主題和概念,這些都構成了幼兒發展評估主題的來源。

從大的方面來說，幼兒的發展一般被分為生理發展和心理發展。生理發展主要包括大腦和神經系統的發育、動作的發展、身體結構的變化、身體素質的變化、體能發展等；心理發展則主要包括感知覺、語言、認知、社會性、道德、人格、審美等諸多方面的發展。廣為人知的一些概念主要有注意、依戀、前閱讀、分享、交往、問題解決、創造性、道德判斷等等，這些概念的內容往往就構成了幼兒發展評估中的重要主題或者內容。

一般而言，某次具體的幼兒發展評估不可能涵蓋如此多的發展領域和主題，只可能涉及特定主題的特定方面。評估者一般會根據自己對幼兒發展的理解與頭腦中的框架來選擇自己認為最為重要的幼兒發展領域和方面作為評估的主題和內容。就認知發展方面的評估而言，也是包括眾多的主題和內容，需要評估者做出判斷和選擇。有研究者在關於幼兒認知發展的專著中將幼兒的認知發展劃分為以下方面：

1. 幼兒訊息加工能力的發展

2. 幼兒自控能力的發展

3. 幼兒對類別關係的認知和序列推理能力的發展

4. 幼兒對數的概念和運算能力的發展

5. 幼兒對空間的認知發展

6. 幼兒的測量概念和技能的發展

7. 幼兒對時間的認知發展

8. 幼兒對因果關係的認知發展

9. 幼兒對運動和速度的認知發展

10. 幼兒言語的發展

11. 幼兒社會認知的發展

(四) 評估的模式

第四章 幼兒發展評估方案的建構

評估的模式指的是評估者用什麼樣的思路和方法來處理評估的內容和評估的結果，以及用什麼樣的方式來得出評估結果等。常用的評估模式主要有標準參照模式、實驗模式以及決策中心模式。下面分別對這三種模式進行簡單介紹。

1. 標準參照模式

評估者依據事先設定的標準來評估被評估者在標準達成方面的表現。這一模式源自心理測驗中的標準參照測驗，具體做法是首先將要評估的內容分解為若干個可以供評估者觀察的外顯行為並確定這些行為的表現水準，接著在一定的情境中採用觀察或者測驗的方式來收集幼兒的這些行為資料，最後根據評估資料來判斷幼兒的行為是否已經達到或者符合事先設定的某種表現水準。這種模式下的幼兒發展評估其實就是一種標準或者目標驅動的評估，也是一種終結性的評估，重視的是幼兒發展的結果而不是過程。這種模式由於重視外顯的可觀察的行為和幼兒發展的結果，比較客觀也比較容易操作，所以多年來在幼兒發展評估中得到了廣泛的運用；但是這種模式的缺點也非常突出：首先，它無法反映幼兒學習和發展的過程，無法告訴人們幼兒是如何達到或者未達到標準的。

其次，標準或者目標本身的合理性經常無法得到保證，即標準制訂的科學性以及價值取向等無法得到公認。最後，主要是可供觀察的外在行為只能反映幼兒發展的一些方面，甚至是很不重要的一些方面，而一些非常重要的方面如能力、態度等則無法透過外在的行為得到準確的評估。比如就幼兒的創造能力評估而言，創造性能力是隱藏在幼兒頭腦內部的一種能力，現有的任何測驗都無法完整地測量出來，大多數測驗是透過幼兒外在的行為測量幼兒的創造性思維，而幼兒在創造方面的潛力、創造方面的人格等深層次方面都無法得到很好的測量。

2. 實驗模式

這種模式的思想來源是實證主義。該模式主要是運用實驗的方法來控制相關的條件，採用量化的手段來驗證或者檢驗某些因素或者實驗處理對幼兒發展的效果與作用，進而描述幼兒在某些方面取得的進步與發展。實驗模式

追求客觀性和普遍性,在評估的過程中評估者扮演專家和研究者的角色。實驗模式的優點是評估者可以控制相關的變量來驗證實驗處理對幼兒發展的作用,用嚴密的邏輯和量化數據來描述幼兒的發展,非常具有說服力,也將幼兒發展的研究與評估很好地融合在一起;缺點主要在於評估者無論如何都無法精準地控制各種無關變量,也很難選擇基線一致的樣本,實驗設計最多能達到準實驗設計的水準,而無法達到真實驗設計的水準,同時採用實驗模式來評估幼兒的發展,其成本之高也不容小覷。

實驗模式通常採用隨機前後測的準實驗設計,如圖 4-1 所示。

	前測	實驗處理	後測
實驗組	O_1	X	O_3
對照組	O_2		O_4

圖4-1　準實驗設計

3. 決策中心模式

這是近年來發展起來的一種新模式。這一模式主要服務於政府和幼教行政管理機構的決策工作,它假定訊息是多樣化的,足夠豐富的訊息能夠幫助決策者做出明智的決定。該模式會跟隨教育政策與規劃的發展而提供不同的訊息。評估者必須瞭解決策或者政策的背景,並與決策者一道制訂收集資料的策略。評估者必須熟悉教育政策的制定以及與決策者有良好的互動關係。在這一模式下,儘可能收集不同性質、不同方面、不同聲音和立場的訊息成為主要任務,評估者會對這些訊息進行整理,但是不會按照自己的價值立場進行篩選,可以說這是一種「評估成分」相對比較少的模式,評估和採用所收集訊息的任務和權力主要轉移到決策者手中。這種模式的優點是評估者儘可能不帶著成見、偏見地去收集資料,努力收集多種性質和渠道的資料,努力增強資料的豐富程度,試圖給決策者提供儘可能全面的資料,避免決策者在決策中由於缺乏足夠的資料而做出不合理的決策;其缺點主要是收集豐富的、多樣化的評估資料要花費大量的人力物力,資料太多也會增加決策者做出選擇和決策的難度。

第四章 幼兒發展評估方案的建構

(五) 評估工具的選擇與制訂

評估工具指的是針對特定評估主題和評估對象整體設計的用來收集可以反映評估對像在評估主題上行為表現的方法與程序。它主要包括評估指標體系、收集評估資料的方式與程序等，通常體現為一系列的表格、觀察記錄工具等等。

評估工具大致可以分為質的評估工具和量的評估工具兩大類。無論是質的評估工具還是量的評估工具，其主要成分都是一樣的。下面透過一個全球知名的《嬰兒和學步兒環境評估量表》的目錄來分析評估工具的主要組成部分。

```
                        目錄
  致謝
  序言
  簡介
       原理
       架構
       項目和指標
       術語界定
  工具的使用
       數據收集程序
       評分系統
  分量表
  工作用表格
  附錄
```

從上面的知名評估工具的目錄可以看出，一個優秀的評估工具除了需要交代自己所利用的原理和依據之外，還需要詳細界定工具中出現的術語，以免使用者和其他人員誤解。除此之外，評估工具還需要交代自己在測量和評估方面的信度與效度。更為重要的是，工具必須說明評估者如何使用本工具來收集數據資料。但是工具中最為重要的還是評估工具的指標體系。

現在市面上已經有很多正規的、具有較高信度和效度的幼兒發展評估工具，評估者可以根據評估的目的和主題來選擇適宜的評估工具，這樣可以節約很多的人力物力，大幅度提高評估工作的認可度和接受度。由於正規的幼兒發展評估工具對使用有諸多限制，而且很多時候並不適合具體的文化環境和教育教學情景，加上幼兒發展涉及的方面眾多，現有的評估工具很難全部覆蓋，為此在具體的實踐中，往往需要評估者根據評估的目的和實際的條件研製評估的工具來完成評估的任務。

(六) 篩選評估指標

評估指標就是評估者建構出來的，能夠反映評估對象某方面本質特徵的具體化、行為化的因素。一般情況下，幾乎不可能用單一的指標來描述和評估評估對像在某個方面的行為和表現，而是需要很多指標彙集起來才能較為完整地進行評估。而由一系列具有內在邏輯聯繫的、反映評估對象某方面本質屬性的指標構成的整體就被稱之為評估指標體系。指標體系一般表現為一個樹狀的等級系統，按照指標在指標系統中所處的位置，可以將指標分為一級指標、二級指標和三級指標等 (如圖 4-2 所示)。

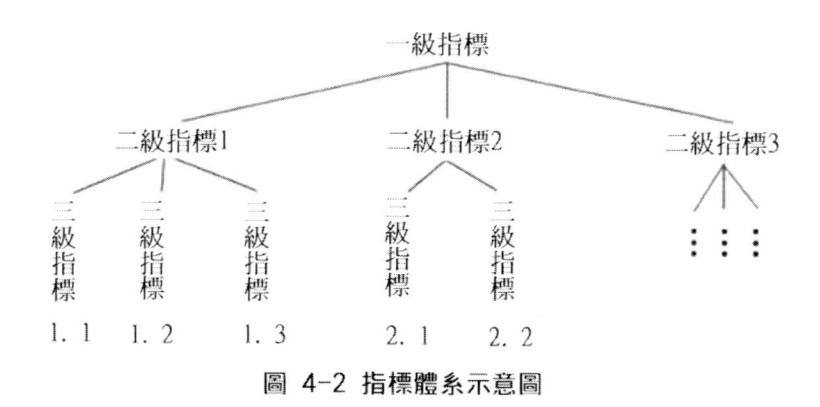

圖 4-2 指標體系示意圖

1. 評估目標與指標的關係

這裡有必要區分兩個概念，一個是評估的目標，另一個是評估的指標。國內很多學者認為評估目標與評估指標是密切相關的。其核心的觀點是目標是指標的根據和基礎，沒有目標的指標，或脫離了目標的指標，是沒有意義

第四章 幼兒發展評估方案的建構

的指標；指標是目標的具體化和操作化，是操作化了的目標，沒有指標的目標，或脫離了指標的目標，是無法實現的目標。這種看法具有普遍性，但是實際上這樣的說法也存在不足。

嚴格來說，評估目標是評估者對評估想要取得的各種結果的一種預期，從這種結果和預期中是很難分解出來評估所需要的、能夠準確描述評估者特定方面的指標來的。細究起來，這應該是將評估的目標和評估的內容或者評估的主題混為一談而產生的錯誤觀點。正確的說法應該是評估指標是評估者圍繞自己或者其他學者對評估主題的研究與認識而運用一定的方法技術建構出來的，而不是從目標直接演繹出來的。

從測量和評估的角度來看，好的幼兒發展評估指標應該具備以下特徵。

(1) 評估指標必須具備堅實的理論依據或者實踐基礎。即指標不是評估者憑空建構出來的，而是基於一定的研究文獻和實踐經驗發展而來的，這就在一定程度上保證了評估的質量和效果。

(2) 評估指標所指向的幼兒發展是可以測量和觀察的。評估指標指向的幼兒發展方面可以透過幼兒具體明確的語言、行為得到反映，這有助於減少評估者的主觀性並提高評估的質量。

(3) 評估指標之間界限清楚。即不同的評估指標指向不同的幼兒發展方面，這些指標合起來就可以較為完整地反應幼兒在某方面的發展狀況，評估指標之間的重複與模糊會大大降低評估工具的效度，也會給評估工作帶來不必要的浪費。

(4) 評估指標的數量不宜過多，體系不能太複雜。圍繞幼兒發展的某個方面，評估者需要找出那些真正能反映幼兒發展的關鍵指標，而關鍵指標的數量往往是有限的。再者，當評估指標過多時，就會導致評估指標體系臃腫繁雜，超出評估者的駕馭能力，最終導致評估信度和效度的降低。

2. 建構指標體系的方法

(1) 運用相關研究文獻

兒童發展一直是心理學研究中的重要組成部分，兒童也是社會學、歷史學以及文化學等諸多學科關注的對象。相關的學科就兒童發展的很多方面已經積累了很多的文獻並形成了很多的理論共識，所有這些兒童發展方面的知識為評估者建構評估指標和體系都提供了豐富的理論依據和來源。在確定了評估的內容和主題之後，評估者就可以搜索與評估主題相關的權威和重要的文獻，在閱讀整理文獻的基礎上建構出比較適宜的評估指標體系來。舉例來說，如果要評估幼兒的創造性思維，經過檢索文獻發現《托蘭斯創造性思維測驗》(TTCT) 是目前國際上得到最廣泛應用和認可的創造性思維測量工具之一。該測驗包括詞彙冊與圖畫冊兩個部分。詞彙冊有三項指標。；

第一個指標是流暢性，指的是有關反應的數量，它可以說明被測者創造想像的敏捷、迅速水準；

第二個是靈活性，指的是這類想法的種類多少，可以說明被測者想法的廣泛性與轉換水準；

第三個指標是獨創性，指的是想法的新穎程度，說明被測者想法的新奇、獨特、不同尋常的水準。

圖畫冊有五項指標：

第一個指標是流暢性，指的是在規定時間內完成圖畫的數量；

第二個指標是獨創性，指的是所繪圖畫的不同尋常的水準；

第三個指標是精緻性，指的是圖畫中各類不同細節的描繪水準；

第四個指標是抗過早封閉性，指的是圖畫中對曲線的封閉限制與開放的比較水準；

第五個指標是標題抽象性，指的是對圖畫所起名稱的概括、描述與奇特的水準。

研究者閱讀到此權威文獻之後，可以依據托蘭斯的工具中測量創造性思維的幾個主要指標，諸如思維的敏捷性、新穎性、流暢性、變通性、精緻性等出發來設計測量幼兒創造性思維的測量指標和工具。實際上研究者從上述

文獻中得到的啟發不僅僅是評估指標的依據和基礎，還會得到評估方法方面的啟發和借鑑。

查閱文獻的時候，評估者面臨的最大挑戰是需要在短時間內找到最新的和最權威的文獻。就目前的狀況來看，除了閱讀書籍和報紙雜誌之外，谷歌(Google)學術搜索引擎是最容易幫助評估者在短時間完成文獻搜索任務的搜索工具。Google學術搜索引擎是一個可以免費搜索學術文章的Google網絡應用。該項搜索引擎的搜索索引包括了世界上大部分已出版的學術期刊，是廣泛搜索學術文獻的簡便方法。我們可以從一個位置搜索眾多學科和資料來源：來自學術著作出版商、專業性社團、預印本、各大學及其他學術組織的經同行評論的論文、圖書、摘要和文章。Google學術搜索引擎可幫助人們在整個學術領域中確定相關性最強的研究。

研究者可以根據文獻的引用頻率來判定文獻的質量。通常情況下，評估者搜索到的與評估主題相關的研究文獻往往不可能只有一篇或者說只有一種觀點，不同的研究者可能會有不同的觀點，這也體現了人文社會科學研究的一大特色，那就是沒有固定明確和統一的概念術語。為此，評估者需要儘可能搜索不同觀點的文獻加以整合，力求自己所建構的指標及其指標體系能博採眾長，更加全面。評估者可以運用表4-1來完成對文獻的整理並建構自己的評估指標。

表4-1 文獻整理匯總表

作者	觀點	文獻出處	合併整理
作者1	觀點1 觀點2		一級指標1
作者2	觀點1 觀點2 觀點3		一級指標2 一級指標3 ……
……			

透過文獻查閱來建構評估指標的方法比較容易操作，只要評估者有機會使用各種類型的教育研究文獻的數據庫或者使用Google學術搜索引擎就可

第一節 幼兒發展評估方案的構成

以實施。運用這種方法所建構的指標質量取決於評估者所查閱文獻的質量以及對文獻的閱讀與綜合分析的水準。如果評估者對評估主題所涉及的領域比較熟悉，查閱文獻就相對比較容易；如果評估者不大熟悉，就可以向專業的研究人員諮詢以瞭解相關主題的研究進展和主要文獻。另外，評估者還可以透過數據庫和搜索引擎提供的文獻被引用的次數來選擇和判斷相對知名和可靠的文獻。

下面是以「幼兒分享行為」為主題詞在 Google 學術搜索引擎上搜索所得首頁的部分結果(檢索日期為 2016 年 7 月 8 日)，透過搜索引擎提供的統計指標我們就可以大致判斷出哪些文獻相對比較可靠，可以成為建構指標的參考。

圖4-3　谷歌學術搜索引擎結果實例

71

抛開上述文獻是否都與某個特定幼兒發展主題有關不談，只從被引用次數來看，上述幾篇文獻中，被引用次數最高的有 27 次，介於中間的有 12 次，最低的只有 5 次。那些引用次數為 5 的基本就屬於價值不大的文獻。

這裡還要注意，一些過往的文獻（一般都是 5 年前的文獻）如果被他人引用的次數比較低，說明該文獻價值不大；如果是近期的文獻，即使他人引用的次數比較低或者為零，也不能判定其價值不大，或許其研究價值還沒有得到大家的注意和認識，這就需要評估者仔細閱讀和鑒別。

(2) 德爾菲法 (Delphi method)

評估者在制訂評估指標的時候，因為種種原因可能有時候也會苦於無法找到合適的相關文獻來為自己提供思路和基礎，這時候就需要評估者自己運用特定的方法來制訂評估指標。通常用到的方法主要是德爾菲法。德爾菲這一名稱起源於古希臘有關太陽神阿波羅的神話。傳說中阿波羅具有預測未來的能力。因此，這種實質為匿名合作進行預測的方法就被命名為德爾菲法。1946 年，美國著名智庫蘭德公司首次用這種方法來進行預測，後來該方法在全世界範圍內被迅速、廣泛採用。該方法首先在企業管理和經營中得到應用，而後逐漸擴散到教育領域，在教育研究和評估中也日益得到了廣泛的應用。

德爾菲法依據系統的程序，採用匿名發表意見的方式，即專家之間不得互相討論，不發生橫向聯繫，只能與調查人員發生關係，透過多輪次調查專家對問卷所提問題的看法，經過反覆徵詢、歸納、修改，最後彙總成專家基本一致的看法，作為預測的結果。

如果選擇使用這種方法，評估者首先要選擇足夠數量的專家以供諮詢和調查，一般選擇的專家都要在 8 人以上，而且這些專家必須是對評估主題有研究或者有較為豐富經驗的人，透過信件或者電子郵件向專家發放調查表的方式，按照德爾斐法的流程與專家展開工作。如果專家數量太少則不宜採用此方法來展開評估指標的建構，因為無法保證指標的專家效度。

德爾菲法具體的工作思路如下。

第一步，選擇適合的專家諮詢人選。這一步非常關鍵，需要選擇對幼兒發展評估主題有研究經驗的專業研究者，也需要選擇在此方面具有豐富實踐經驗的教研員或者幼兒教師。專家諮詢小組的人選不能太多，為此就希望所選的專家成員具有很高的代表性，從而制訂出相對客觀和符合實際情況的評估指標。

第二步，根據評估主題來編制相關的評估指標調查問卷。這裡的問卷一般採用結構式的問卷，便於各位專家做出反應，也便於評估者進行整理分析。

如果評估者就評估的主題無法提出較為系統的指標系統初稿，就可以先找部分不參加諮詢的專家和教師進行焦點訪談，進行開放式的調查和聚焦，這種訪談是開放的，除了要求各位專家根據給定的幼兒發展主題，列出自己認為的評估指標和體系之外，不給專家設定任何的限制和要求，以免在此流程漏掉很多重要的、具有價值的思想觀點。訪談結束後，評估者需要對訪談的結果進行深入分析和編碼，尋找訪談資料蘊含的主題和概念，並將其理論化和系統化。

如果評估者想要評估幼兒的執行功能，又沒有發現可以供評估者借鑑來制訂評估指標的文獻，這時候還可以設計如表 4-2 所示的開放式表格發給相關的專家，讓專家按照自己的想法和經驗來提供關於指標體系的書面諮詢意見。然後評估者對其進行整理分析，形成初步的評估指標體系。

第四章 幼兒發展評估方案的建構

表4-2 專家意見諮詢表

一級指標		二級指標	理由與依據
執行功能	指標1	指標1 指標2 指標3 ……	
	指標2	指標1 指標2 指標3 ……	
	指標3	指標1 指標2 指標3 ……	
	……	……	……

第一次德爾菲法問卷的編製

德爾菲法的問卷編製與一般的調查問卷的編製程序和要求並沒有什麼不同，主要的區別在於德爾菲法中問卷的題項是關於評估指標的題目（一般都只列出評估指標體系中最後一級指標的題目），還要增加供專家反饋其意見的欄目，讓專家對題項的合理性、重要性、文字表述的準確性、前後一致性等發表意見。

下面以「幼兒對文化的認識與欣賞」這一評估主題為例來說明德爾菲法問卷的結構與樣式。(見表4-3)

第一節 幼兒發展評估方案的構成

表4-3 「幼兒對文化的認識與欣賞」第一次調查問卷①

評估指標	重要程度 (從非常不重要到非常重要)	敬請提供您對評估指標的意見、建議,並闡明您的理由和依據
1.知道一些與傳統節日有關的故事和習俗	□1 □2 □3 □4 □5	
2.樂於參加節日的慶祝活動	□1 □2 □3 □4 □5	
3.認識和欣賞香港與內地的特色文化	□1 □2 □3 □4 □5	
4.認識自己和國家的關係	□1 □2 □3 □4 □5	
5.尊重和欣賞自己民族與不同民族的生活模式、文化習俗	□1 □2 □3 □4 □5	

第二次問卷的編制要在第一次問卷調查結果的基礎上來進行,根據第一次的結果來調整評估指標的內容,這些調整包括評估指標的增刪、措辭的改變。如果所有的專家對某個評估指標都沒有發表意見,則可以視為所有專家已經對該指標達成了高度一致的意見。(見表 4-4)

表4-4 第一次專家意見匯總

評估指標	專家意見	修訂理由以及修訂後的評估指標
1. 知道一些與傳統節日有關的故事和習俗	專家A 專家B 專家C ……	知道一些不同文化下傳統節日的有關故事和習俗
2.樂於參加節日的慶祝活動	專家A 專家B 專家C ……	樂於參加各種文化中節日的慶祝活動

75

續表

評估指標	專家意見	修訂理由以及修訂後的評估指標
3.認識和欣賞香港與內地的特色文化	專家A 專家B 專家C ……	願意花費時間來接觸和學習本土文化和其他不同的文化
4. 認識自己和國家的關係	專家A 專家B 專家C ……	刪除
5. 尊重和欣賞自己民族與不同民族的生活模式、文化習俗	專家A 專家B 專家C ……	
建議增加的指標	專家A 專家B 專家C ……	沒有種族和文化偏見

　　為了讓每個專家成員都能瞭解所有成員對每一個評估指標的意見和同意程度，評估者在第二次的問卷中還必須提供一列內容，那就是所有專家對每一指標重要性做出選擇的描述性統計，一般採用眾數、平均數和標準差三個統計量來進行描述統計。除此之外，評估者還需要向每一個專家提供他在第一次所做出的選擇。當某個專家看到其他專家意見的描述性統計結果之後，可能會改變自己的意見。比如看到其他專家對某一個指標的重要性賦值都比較高，而自己的賦值卻比較低時，就可能產生少數服從多數的心理，在下一次的問卷中改變自己的選擇，向著多數專家意見的方向靠攏。當然這種靠攏是必要的，否則就根本無法達成專家意見的共識，德爾菲法也就沒法進行下去了。

　　下面給出幼兒對文化的認識與欣賞第二次專家調查問卷的例子（表 4-5）來說明第二次問卷編制的情況。

第一節 幼兒發展評估方案的構成

表4-5 「幼兒對文化的認識與欣賞」第二次調查問卷①

評價指標	重要程度 (從非常不重要到非常重要)	修訂理由以及修訂後的評價指標
1. 知道一些不同文化下傳統節日的有關故事和習俗	□1 □2 □3 □4 □5	
1. 知道一些與傳統節日有關的故事和習俗	你上次的選擇： 第一次描述統計量： 眾數： 平均數： 標準差：	
2. 樂於參加各種文化的節日慶祝活動	□1 □2 □3 □4 □5	
2. 樂於參加各種節日的慶祝活動	你上次的選擇： 第一次描述統計量： 眾數： 平均數： 標準差：	
3. 願意花費時間來接觸和學習本土文化和其他不同的文化	□1 □2 □3 □4 □5	
3. 認識和欣賞香港與內地的特色文化	你上次的選擇： 第一次描述統計量： 眾數： 平均數： 標準差：	
4. 刪除	你的意見：	
4. 認識自己和國家的關係	你上次的選擇： 目前80%的專家意見是刪除該指標	
5. 尊重和欣賞自己民族與不同民族的生活模式、文化習俗		
5. 尊重和欣賞自己民族與不同民族的生活模式、文化習俗	你上次的選擇： 第一次描述統計量： 眾數： 平均數： 標準差：	
6. 沒有種族和文化偏見(該指標是根據大多數專家意見新增的)	□1 □2 □3 □4 □5	

77

第四章 幼兒發展評估方案的建構

從上面的問卷可以知道，接受調查的專家對第五個指標已經達成了共識，所有的專家都沒有提出修改意見，但是專家對第一、第二和第三個評估指標都給出了修改意見，修改意見不僅涉及措辭還涉及內容。更值得注意的是，專家提議刪除了第四個評估指標，原因可能是該指標與評估主題的關聯度實在太低；此外，專家還根據自己的經驗提出增加一個新的指標。評估者需要綜合專家意見之後製訂第三次問捲來逐步聚焦，直到達成共識。

第三次德爾菲法問卷的編制

評估者首先需要將第二次問捲髮放給專家，當專家填寫返回之後，按照第三次問卷的處理方式進行綜合和處理，並判斷專家的意見是否達到了穩定和一致(見表 4-6)。對每一個評估指標而言，當專家成員對評估指標的改變程度低於 15% 的時候，就可以認為專家對此評估指標的意見已經達到穩定的狀態。當所有評估指標的平均穩定程度超過 70% 的時候，評估者就需要停止德爾菲法問卷的發放，形成最終版本的評估指標。

表 4-6 「幼兒對文化的學習與欣賞」評估指標

評估指標	指標的穩定性	評估指標的依據
1. 知道一些不同文化下傳統節日的有關故事和習俗		
2. 樂於參加各種文化的節日慶祝活動		
3. 願意花費時間來接觸和學習本土文化和其他不同的文化		
4. 尊重和欣賞自己民族與不同民族的生活模式、文化習俗		
5. 沒有種族和文化偏見(該指標是根據大多數專家意見新增的)		

3. 指標權重的確定方法

指標的權重指的是在特定的幼兒發展評估指標體系中，某個具體的指標在整個指標體系中具備價值的高低和相對重要的程度。按教育統計學的相關原理，一般將評估指標體系中某個層級所有指標的權重之和視為1(即100%)，評估指標體系中每個指標的權重則用小數表示，稱之為「權重係數」，簡稱為權重。例如有研究者開發了「幼兒體能發展評估指標體系」，其中包含三個一級評估指標，分別為基本動作、速度與靈活性、平衡與協調，其權重分別為0.4，0.3和0.3。從中可以看出基本動作所占的權重最大，這也說明該指標在評估體系中具有很重要的位置，是評估者非常看重的指標。

指標的權重除了告訴評估者和其他相關人員相應指標在評估體系中所處的位置和重要性之外，在後期評估所得資料與數據的處理中，還有很重要的用途，那就是透過加權來處理評估所得的數據，得到既符合統計原理又具有實際意義的結果。

從理論上來講，評估指標的權重不是評估者按照自己的主觀意願來隨意指定，而需要按照一定的方法程序來確定指標的權重。確定評估指標權重的方法多達十幾種，最為常用和簡單易行的方法主要是歸一化方法。

歸一化方法首先要求評估者或者相關的專家提供關於評估主題的各級指標，提出評估的指標體系，在這裡每一級的評估指標的數量不能太多，一般都不要超過8個，因為數量超過8個，很多人包括專家都很難準確判斷這些指標的重要性並做出選擇；然後尋找相關的研究人員、幼兒教師或者其他利益相關者，就每一級的評估指標選擇出自己認為重要的4個或者5個指標(這個數量沒有硬性的規定，需要根據經驗和文獻來確定)，這一步的關鍵在於找到數量足夠多的且具有一定經驗和判斷能力的人來投票，一般來投票的人數應該在指標數量的十倍以上才有一定的統計分析價值；接下來就需要統計票數並計算出權重。具體操作如下：

統計出每個評估指標所得的票數，並將這些票數相加，得到所有指標的總得票數。用每一個指標所得票數去除總票數，所得比值就是該指標在指標體系中對應的權重。例如，如果總票數為300，在一級指標中一個指標的所得的票數為30，則該指標的權重就是0.1。

第四章 幼兒發展評估方案的建構

　　評估指標的表現標準的確定。只有一些條目式的評估指標是無法進行評估的，每一個具體的評估指標還必須有清晰明確的表現標準，這樣評估者才可以透過所收集的評估資料來判定評估對像在特定指標上的表現為何、處於何種發展水準等。

　　下面給出一個幼兒發展評估指標體系及其評估標準的例子（表 4-7），以探討評估標準的要素及其如何制訂評估的標準。

表4-7　兒童發展評量表(語言發展)

學校名稱:　　　　　班級:　　　　學生姓名:　　　　　　記錄日期/時段:
學生出生日期:　　　記錄教師姓名:

重點	表現項目	表現水準			備註
		水準一	水準二	水準三	
語言發展　聆聽能力	1.1 能聆聽及理解老師所說的話，並適當地回應	能專注於老師所說，但不能適當地回應	能聽懂老師所說，並適當地回應或對應	與老師交談時/在大團體活動中，他/她是一個很好的聆聽者。能留心、適當地對答等候發言	(軼事記錄/例證/評語/跟進等)
	1.2 能聆聽及理解同伴說的話，並適當地回應	能專注於同伴所說，但不能適當地回應	能聽懂同伴所說，並適當地回應或對應	與同伴交談時,他/她是一個很好的聆聽者。能留心、適當地對答，等候發言	
	1.3 能理解別人語調的變化，並做出適當的反應	能理解老師發出的指示，但未能理解老師或者同伴語調變化的含義	能理解老師發出的指示，並做出適當的反應，能注意到老師或者同伴語調的變化	能理解比較複雜的指示和別人語調變化的含義，並做出適當的反應	

……

整體評語:

_____
_____
_____
_____

　　上述評估指標體系以及評估標準的例子主要涉及幼兒在語言領域發展的評估，其中聆聽或者傾聽能力是語言發展領域的一個一級評估指標，該一級

81

第四章 幼兒發展評估方案的建構

指標下轄三個二級評估指標，分別為傾聽老師、傾聽同伴和辨別別人的語調。這三個二級評估指標對應著具有三種不同水準的評估標準，分別標示為水準一、水準二和水準三，具有等級和價值評估的意涵。該評估標準主要用幼兒的外顯行為來表述，相互之間不交叉且有質的差異。

總體來看，評估標準是為了區分和描述幼兒在特定評估指標上的表現而設計出來的價值判斷系統。有了評估標準，幼兒的表現才有可能被區分開來，評估者和教育者才能瞭解不同幼兒的發展水準，並在此基礎上思考教育對策和建議。

評估標準可以是質的描述，也可以採取量化的描述方式，當然也可以採用質量結合的方式來進行描述，而且這種描述必然是具有層次性和等級性的，必須能區分出幼兒在特定指標上的不同表現水準，這些不同的表現水準之間是具備本質屬性的差異的。從外觀來看，評估標準的構成主要是等級或者序列號，不同等級對應的行為描述，而行為的描述主要包括行為是否出現以及行為出現的頻率，以及所達到的程度等。

如果說評估指標及其體系告訴我們幼兒發展的哪些方面是值得評估的或者是被評估者所看重的，哪些發展方面沒有進入評估者的視野，那麼評估標準就會更加具體地告訴我們哪些行為才是好的，才是評估者或者教育者應該追求和實現的。

就幼兒發展評估的標準而言，好的標準必須具備三個特徵。一個就是標準必須能夠最大限度地反映評估指標的內涵與本質，必須與評估指標緊密關聯，否則標準就會與評估指標脫節。例如在評估幼兒的閱讀能力的標準中，採用了幼兒是否愛護圖畫書的行為來描述，而這一行為與閱讀能力的關聯度非常低，不能很好地反映閱讀能力，應予以排除。第二個特徵是儘可能用量化的、可以觀察的外顯行為來描述，比如「能辨認出所有的阿拉伯數字」「能自己穿脫帶有拉鏈的上衣」等。當然有的幼兒發展領域很難用外在的行為來精確描述，諸如幼兒的思維過程、創造性、情緒狀態等，對於評估者而言，需要努力尋找能反映評估指標的具體行為，而不是全部用定性的模糊描述來給具體的幼兒發展評估造成很大的不確定性和主觀性。比如評估標準「能理

解比較複雜的指示和別人語調變化的含義，並做出適當的反應」就存在比較模糊和偏重定性表述的缺點，對於什麼是比較複雜的指示，哪些人的什麼類型的語調的什麼變化，什麼才算是適當的反應等都缺少明確的行為描述和規定，評估者只有根據自己的經驗和偏好來做出一個大致的模糊的判斷與選擇，這種方式所帶來的評估的誤差不難想像。第三個特徵是評估標準的等級數量適宜。一般來說，評估標準的等級採用三個等級或者三個檢查點，也有四個等級或者五個等級的。等級過少將導致評估標準無法準確區分幼兒的表現；當等級過多的時候，評估者會面臨重大的挑戰，那就是很難分清楚這些等級之間的區別和界限究竟在哪裡。根據相關的文獻與經驗，採用 3～5 個等級都是比較適宜的。

(七) 評估資料的收集

當評估的指標確定了之後，評估方案的設計者就需要根據評估的目的和指標的特性來選擇此次評估中需要收集哪些種類的數據資料，以及所需要數據資料的數量與質量，以幫助評估者做出儘可能準確的判斷。一般來說，評估的數據資料可以大致分為量化的資料和質化的資料兩大類，兩種數據資料的表現形式和優缺點都不一樣，需要評估者做出審慎的選擇。單純從評估或者研究的角度來看，在一次具體的評估過程中所收集的資料越多越好，當然這裡的多不僅僅是指數量上的多，還包括數據資料類型的多樣化，因為這樣可以在很大程度上防止評估者做出以偏概全的判斷。但是在現實的評估過程中，受制於評估預算經費和評估者的時間精力，評估者不可能無限制地收集豐富的資料，而是在必須保證一定數量的數據資料和數據資料質量的前提之下儘可能多地收集資料。

對於具體的評估資料的收集，則需要按照社會科學研究方法和教育研究方法的程序與步驟來嚴格實施，下文將會有專門的介紹。

(八) 評估所需要的資源條件

任何幼兒發展評估都需要耗費一定的資源。這些資源包括時間、人力、財力等。從時間資源來看，任何評估都需要在一定的時間段內進行，評估的時間有長有短，總是需要消耗一定的時間，這些時間對評估者和評估對象來

說都是不可再生的資源。評估者還需要選擇在最恰當的時間段內對幼兒進行評估，才有可能得到更為豐富的數據資料；從人力角度來看，評估者必須要選擇和使用評估方面的專業人員，花費專業人員的心力來保證評估的專業性和有效性；從財力的角度來看，評估需要耗費一定的金錢，尤其是對於那些外部評估更是如此。聘用人員、購買工具和器材、收集和處理數據、印刷評估報告等都會產生一定的費用，都需要在評估方案中提前預算，以免影響評估工作的順利進行。

(九) 評估結果的使用

一般來說，評估結果是特定的幼兒發展評估過程的最重要產物之一，也是備受相關各方關注的焦點。評估結果的不同使用方式會對不同的人員和機構產生不同的影響，需要慎重加以考慮後再決定。

幼兒發展評估結果的使用，首先需要從公開的範圍這一維度來考慮。即評估結果如何公開，以及在何種範圍內公開等。一般的評估結果都會公開，只不過公開的範圍和方式有所不同。有的評估結果只有專業的研究者才可以看到，有的評估結果全社會都有機會接觸和閱讀，有的評估結果只在本地區公開，而有的評估結果則選擇在更大的範圍內公開。公開的範圍取決於評估的性質和規模，大規模的終結性或者過程性的評估，其評估結果極有可能會在全國的範圍內公開，而特定幼兒園的幼兒發展評估結果只需要在本幼兒園或者當地的範圍內公開就足夠了。需要提醒的是，在公開評估結果的時候，必須保護每一個幼兒和每一個家庭的隱私，不得以任何方式泄露幼兒的基本訊息。

其次，需要考慮評估結果的用途。評估結果的使用與評估的目的緊密相連，受制於評估目的的價值取向。幼兒發展評估結果的可能用途主要有：用來瞭解和描述特定群體幼兒發展的基本狀況；用來作為幼兒園教育質量或者區域幼兒教育質量評估的主要指標；用來發現幼兒園和家庭教育中存在的不足，提出改進的措施和方案；用來發現需要進一步研究的教育問題等。其中將評估結果用作評估教育質量的指標最具有風險性，可能會對相關的幼教機構和教育行政部門產生重要的影響。鑒於評估結果公佈後產生的重大社會效

應，評估者在制訂評估方案的時候，就需要根據評估的目的設計好評估結果的主要用途，不能出現評估結果的使用與評估目的不匹配的情況。例如，某次幼兒發展評估的主題是幼兒的體能狀況，評估的目的在於改進幼兒園的課程與教學，但是評估者在得到評估結果之後卻將評估結果用作評估不同幼兒園教育質量的主要指標，這就讓評估的目的與評估結果的使用之間出現了偏離，評估的內部出現了不一致，會導致評估的效度降低，需要努力加以避免和克服。

二、評估實施的程序與步驟

評估方案中除了交代評估的目的、評估的主題、評估的主體、評估的指標等重要內容之外，更需要具體設計評估實施的程序和操作步驟，從程序上保證評估的信度與效度。

評估實施的程序和步驟主要包括以下幾個方面的內容。

(一) 告知相關人員此次評估的基本情況

評估者在正式的評估工作開始之前就需要向相關的利益各方，諸如園長、教師、家長等以書面或者口頭的方式告知本次評估的目的、過程、需要的時間、幼兒隱私和權利保護等各項事宜，同時還需要向相關各方出示並介紹自己的評估工具，以確保利益各方的知情權，讓利益各方監督評估者，保證評估在合乎幼兒權利的軌道上運行。

(二) 進入評估現場與評估對象取得一定程度的熟悉與信任

對於內部人員進行的幼兒發展評估而言，基本不存在這一問題。但是對於外部人員進行的幼兒發展評估則是一個非常重要的環節。外部評估人員需要在園長或者教師的帶領下進入教學現場，熟悉評估對象，減少評估對象對評估者的陌生感和排斥感。

(三) 正式開始數據收集

這個方面主要是確定採用何種方法收集何種數據，數據收集的起點與終點，以及數據收集人員的工作安排。這裡需要注意的是在評估方案裡必須設

計一個會商的步驟，就是數據收集人員在收集了部分資料後，暫時停止收集數據，坐下來一起檢查評估者收集數據的方法程序是否恰當，是否還需要修正，以及所收集的數據是否符合評估的總體要求等。當評估者能夠在這方面基本達成一致的時候，就可以重新啟動數據的收集工作。

（四）數據的清理與編碼

數據收集結束後，不能立即展開數據的編碼與統計分析，而是需要首先對所收集的數據進行清理和確認，然後進行編碼，最後再輸入相應的統計軟體進行統計分析。評估方案中需要專門設計程序和安排未參與數據收集的人員根據原始的數據記錄來核查數據的完整性和正確性。在此基礎上，還需要安排相關的人員在既定的編碼系統指引下，對數據進行編碼（無論是質的數據還是量化的數據都需要進行編碼，只是編碼的方式不一樣），轉換成可以進入統計軟體來進行分析的數據。為了保證數據的質量，業內通行的做法是盡最大可能收集原始的數據，諸如孩子的行為、孩子的語言等，然後在數據收集結束後再進行清理和編碼。如果是很多評估者同時對數據進行編碼，還需要訓練評估者保持內部一致性，否則對原始數據進行編碼後，會出現很大的誤差。

（五）評估報告的撰寫

評估報告的撰寫也非常重要，因為評估報告的質量直接關係到評估結果能否得到恰當的呈現和數據能否得到恰當的挖掘。關於評估報告的撰寫一般有兩種模式，一種是由評估者自己來撰寫。這裡邊又可以分為兩種情況，即評估者當中的某個個體獨自承擔評估報告的寫作任務，或者由評估者小組分工協作來完成寫作任務；另一種則是聘請第三方的專業人員來撰寫評估報告。第三方參與寫作的最大好處是可以儘可能保持客觀與獨立，不容易受制於各種利益關係的困擾。第三方人員可以是個體，也可以是團體，但必須是熟悉幼兒發展評估的專業人員，更需要的是具有高超寫作技巧的寫作者。

三、評估者扮演的角色

評估者在評估過程中可以扮演不同的角色，並對評估對象發揮各種不同性質的影響。這些影響可能是積極的，也可能是消極的，對此評估者在設計評估方案的時候，對自身在評估中扮演的角色就需要根據評估的目的有準確的定位，以免對評估對象產生不良的效應。

總體來看，評估者在評估過程中可能扮演的角色主要有以下幾種。

一是中立者。即評估者屬於無價值偏向的第三方中立評估者，受僱於某個組織或者機構來實施評估，與評估對象本身毫無利益關聯，只負責按照程序來收集數據並做出自己的獨立判斷。這種角色與幼兒園的互動就會比較少，也不會介入幼兒園的日常事務。

二是輔導者或者介入者。扮演這種角色的評估者會在評估的過程中積極介入幼兒園的管理和課程等，會與幼兒園的相關成員產生大量的互動。運用自身的專業知識和影響力來影響幼兒園的工作與事務。

三是研究者。扮演這種角色的研究者往往將評估的過程視為研究和探索的過程，會用研究的態度和意識來對待評估，試圖從中發現一些值得研究的問題。這類評估者一般會保持中立，因為這是對研究者的起碼要求，但是不排除他們為了研究也會介入幼兒園的事務和幼兒的學習與發展。

上述這三種角色不存在高低和優劣之分，都有其獨特的地方和價值。評估者要根據評估的目的是研究、甄別還是改進來分別選擇和扮演適宜的角色，以便最大限度地發揮評估對幼兒園、幼兒和社會的功用。

第二節 幼兒發展評估方案建構的方法

評估方案是評估者在綜合掌握各方訊息的基礎上，發揮自己的評估素養和能力建構出來的，不是評估者自己發揮想像製造出來的。評估方案的建構也是有規律可循的，也有一些相對固定的步驟和方法。

第四章 幼兒發展評估方案的建構

一、相關訊息的瞭解

(一) 瞭解評估項目的背景訊息

當評估者接受了評估的任務，首先需要做的就是瞭解相關的背景訊息，為建構具有專業水準和符合實際情況的評估方案奠定基礎。評估者首先需要瞭解的是國際上和國家關於幼兒發展方面的相關法律政策文件。例如評估者必須瞭解所在國法令和熟悉具有國際法性質的聯合國《兒童權利公約》等文件。評估者掌握了這些訊息後，在建構評估方案的時候必須保證評估在國家現有法律和政策的框架內運行，不能與主流的價值觀相違背。

然後，評估者還需要瞭解評估對象所在區域的經濟發展狀況，諸如人均年可支配收入、薪資水準、主要產業構成等。除此之外要重點瞭解幼兒的一些人口學特徵，諸如幼兒數量、性別比例、年齡比例、幼兒園類型及其分佈，以及幼兒在不同幼兒園的分佈等基本訊息，這些都會為評估方案的建構尤其是評估對象的抽樣和選擇提供極大的幫助和便利。這方面的訊息尤其對大規模、大區域的幼兒發展評估有用。

(二) 明確評估的理由和目的

評估者需要充分與評估的委託人溝通，主要瞭解評估的目標、關注的焦點、委託人的期望等，進一步明確此次評估中委託人想要達到的具體目的。在明確評估目的和理由的時候，評估者應該主要以主要委託人的意見和期望為主，同時也兼顧其他群體的意見。2013年4月筆者受美國芝麻街工作室的委託，完成了一項名為「大家準備好」智慧手機軟體對幼兒發展影響的評估項目。作為委託方，美國芝麻街工作室並沒有要求研究者將焦點放在智慧手機軟體本身上，也沒有要求研究者評估幼兒園的教育質量，而是將焦點放在這種學習方式及其學習內容對幼兒學會應急準備是否產生了積極的影響上。這樣一來，該評估項目緊緊圍繞移動終端及其互動對幼兒的發展的影響進行，重點評估幼兒使用前後是否產生了積極的變化。

(三) 瞭解評估可能受到的限制

每一次具體的評估都會受到諸多條件的限制，使得評估的結果並不能按照委託人或者評估者的預期進行，留下諸多的不足與遺憾。為此，評估者在建構評估方案的時候就要充分考慮和預見這些可能面臨的限制及其對評估結果可能帶來的種種不利影響。

就一般的經驗而言，每次具體的幼兒發展評估項目可能遇到的限制主要包括經費預算的限制、資料訊息獲取的限制以及時間限制。

1. 經費預算的限制

一般的評估項目都會有一定數量的經費預算，而評估的規模和涉及的範圍，是否能聘用到高水準的評估人員等都會受到經費預算的影響。無論是評估的委託人還是接受委託的評估者都需要仔細評估經費預算所帶來的限制。作為委託方，為求得最好的性價比，對於特定的評估項目還會組織招標競標，期望用最低的預算換來最大的評估效果；作為評估者就需要思考現有的經費預算對應的評估的工作量和質量水準是什麼程度，得到經費的數量以及經費與工作質量的要求是否匹配等。從市場經濟的契約精神來看，應該是評估的委託方給多少錢，評估者就提供相應質量或者符合委託方期望的評估服務，但是就現實的情況而言，這是一個雙方就預算和服務質量進行博弈和妥協的過程。對於具體的評估而言，經費預算不是越少越好，經費少了評估者就不會全情投入，就會縮減工作量和服務項目，評估的質量無法得到保證；當然評估的經費也不是越多越好，經費預算太高會對評估的委託方造成一定的資金壓力和對評估質量的過高期望，同時也會給評估者帶來重大的心理壓力。專業的評估者會思考和保護委託方的利益，在保證合理預算的前提下儘可能保證評估服務的質量與效果。

2. 資料訊息獲取的限制

在具體的評估過程中，任何評估者都不可能獲得自己想要的一切資料和數據。由於一些數據資料與很多主體的隱私以及機構的商業機密相關，成功獲取或者獲取真實的第一手資料非常困難。比如在幼兒發展評估中，為了更好地理解和分析解釋幼兒的行為，評估者往往希望能瞭解到關於幼兒父母的婚姻狀況、職業以及社會經濟地位等相關的數據資料，但是家長往往覺得這

些訊息都屬於自己的個人隱私，一般都不會主動提供或者不會提供精確的數據資料，這些都會為評估數據資料的分析和評估報告的撰寫帶來一定的困難。另外在一些高利害的幼兒發展評估中，諸如與幼兒園的遴選淘汰有關的評估，會讓幼兒園出於自保的目的隱匿部分它們認為可能會給它們帶來不利影響的數據和資料，故意集中提供一些它們認為可能體現幼兒發展良好的資料，甚至可能會偽造部分數據資料來獲取較好的評估結果，這些都為評估者獲取真實客觀的數據資料帶來了不小的挑戰。專業的評估者在進行幼兒發展評估之前就要明確自己所收集的數據資料的類型與規模，以及可能遇到的挑戰，並想辦法加以克服。例如，評估者可以採用書面的保證書來正式地向幼兒園或者家長保證自己所收集的數據資料只為評估和研究所用，不會另作他用，這就有可能打消部分幼兒園和家長的疑慮，從而提供真實的數據訊息。當然評估者必須信守自己對幼兒園和家長的承諾，以免導致雙方出現互相不信任的狀況。

3. 時間限制

時間是從事任何工作的人都必須付出的代價，評估者也不例外。任何評估項目都是有時間限制的，委託方期望在一定的時間內就能夠看到評估的結果和評估報告。有的時候是評估的工作量很大，但是時間又不夠充足，這就對評估者對人力資源的調配、評估流程的控制和時間管理能力提出了全新的要求。畢竟從契約的角度來講，評估者必須在合約規定的時間內完成評估並提交評估報告。在明確了評估項目的時間限制之後，就必須合理分配時間，安排好評估方案的建構，與委託方溝通數據的收集以及評估報告撰寫的時間節點和任務要求，務必在規定的時間內完成評估任務。

二、評估方案的建構

如何建構出一個規範的幼兒發展評估方案也是有思路可循的，有很多學者對此問題進行了探討。斯特克等人於 1987 年提出的評估訊息表（表 4-8）是一個建構評估方案的有用工具。下面對此工具進行簡單的介紹。

表4-8 評估資訊表

項目要素	問題	限制	評估過程	優先順序	經費資源

(一) 項目要素

項目要素指的是評估項目的關鍵因素。評估者可以透過與委託人交談對話，來瞭解委託人對此次評估項目的期望與需求，透過評估想要達到的目的、主要關注的方面以及希望評估者如何呈現評估結果和評估結果的運用等關鍵因素。這一步驟的核心其實就是評估者透過與委託方的深度交流來明確評估項目的目的與所要達到的目標，保證評估項目不偏離委託方的期望。

(二) 問題

在這一步驟，評估者還是要透過與委託方的深入對話來重點瞭解和建構委託人希望透過評估來回答和解決的問題，並將這些問題明確地陳述出來。評估者需要運用自己的評估專業知識來幫助委託方澄清此次評估需要回答和解決的問題。比如在筆者承擔的美國芝麻街工作室委託的評估項目中，委託方總的目的是瞭解特定電視節目是否對中國幼兒的科學素養產生了積極的影響，其想透過評估來回答的具體問題是電視節目對不同地域、不同水準的幼兒園的幼兒都有用嗎，電視節目對男孩和女孩的影響相同嗎，電視節目的內容與幼兒園課程的內容的關係如何，等等。

(三) 限制

主要是列舉評估中可能遇到的各種限制，諸如經費上的限制、時間上的限制以及資源訊息獲取的限制等，以及這些限制可能給評估結果帶來的不利影響。同時也要思考應對這些限制的具體策略，諸如如何透過時間管理策略來減弱時間對評估帶來的限制等。

(四) 評估過程

這一步驟主要是設計評估的過程，設計的內容主要包括評估人員的選拔與培訓、評估對象取樣、進入評估現場的方式、所用的評估指標體系與評估

工具、收集數據資料的方式與持續的時間、清理數據資料的計劃、分析資料的計劃、研究報告撰寫的安排等。除此之外，還需要設定與委託方溝通的方式與頻率，以保證在評估中能與委託方及時溝通，共同商討解決問題的一些方式。評估者最好選擇面對面溝通的方式，以提高溝通的效率，避免溝通不暢和訊息的衰減與變異。

（五）優先順序

當資源有限，尤其是經費和時間都非常有限的時候，委託人和評估者必須做出取捨和選擇，將最重要的議題排在評估的首位。委託方想透過評估項目來回答的問題還是比較多的，受制於現實，必須對這些問題的重要性進行排序，充分明確哪些問題是評估者必須重點回答的，哪些具體問題是可以回答也可以不回答的，哪些是有時間和預算才可以做的，等等，這樣既可以保證委託方關心的核心問題得到回答，也能在一定程度上保證評估的質量。

為了證明某些問題的優先程度和重要性，評估者必須列舉和說明這些問題的回答所需要的資源和條件、所需要的經費預算，詳細列出每項資源所需的經費並附上清單。這樣在與委託方的溝通中就很容易取得成效。

以上簡單介紹了建構幼兒發展評估方案的基本步驟和做法。一般來看，評估方案的建構是一個團體性的工作，因為任何一個人的智慧都不能保證方案的準確和完善。為此，建立一個團隊，運用頭腦風暴法來按照上述步驟建構評估方案是非常必要和可行的。

三、幼兒教師如何建構評估方案

幼兒教師在日常的教學中進行的主要是非正式的幼兒發展評估，扮演內部評估者的角色，而且這些評估還需要和日常的課程與教學緊密結合起來。無論如何，幼兒教師也需要對特定時間段內各班級幼兒發展的評估進行總體佈局和規劃，才能將評估很好地融入課程，發揮評估對幼兒發展的促進作用。

我們先看一個幼兒發展評估計劃的例子（表 4-9)，以此來分析教師在制訂幼兒發展評估方案時需要注意的問題。

表 4-9

評量計劃時間: 評量目的:檢視兒童個別情況與進步情形 發展/課程領域:語言技巧		
評量的內容	評量時間	評量視窗與記錄方法
閱讀 1.書本的處理:知道書本的正面、背面,知道哪一面向上,會翻書 2.跟著字念:邊指著字邊讀、在念較長的單詞時手指會劃過該單詞、念到下一行時手指會移到那一行 3.瞭解印刷文字的功能:注意到字及字母,試著閱讀標誌、符號以及環境中出現的文字 4.辨識字母與單詞:能用手指指出字母、能指出單詞、能指出名字裡的字母、能指出單詞裡的字母、能用名字內的字母來認字、能讀出名字、能讀出單詞的部分或者全部	開學初、學年中 第1、3項在學年末評量 第2項在行為發生的當下評量	1. 兒童每日小組讀寫活動的表現取樣、團體檢核表上的記錄 2. 觀察兒童遊戲的軼事記錄 3. 家長會時家長提供的說法或資料
書寫 1. 在遊戲中以塗鴉和圖畫來代表字。 2.口述故事時會配合老師書寫的速度,減慢說話的速度 3.可用傳統的方式拼出簡單而熟悉的單詞,如 the、is、are	在開學初和學年中進行評量 第2項在學年末評量 第1項和第3項在行為發生的當下評量	1. 觀察兒童遊戲的軼事記錄 2.兒童在遊戲區遊戲活動或者小組讀寫活動中的表現取樣 3. 從教室眾多書寫的機會中收集到的作品取樣
態度與性向 1. 喜歡閱讀 2.在自由時間選擇閱讀 3.運用書籍查詢資料 4.渴望在書寫活動中寫字 5.在非書寫的其他活動和遊戲中寫字	在讀寫活動和其他活動中評量	1. 在自由遊戲的時間觀察兒童 2. 在讀寫活動時觀察兒童

第四章 幼兒發展評估方案的建構

總體來看，幼兒教師在建構評估方案的時候需要綜合考慮評估的目的、評估的內容、評估的時間以及收集資料的方法。

就評估的目的而言，教師可以有多種選擇，只需要寫出最重要的評估目的，而不是寫出全部可能的評估目的。可能的評估目的主要有瞭解幼兒的已有經驗並為即將開展的主題活動或者遊戲資料的調整提供依據，瞭解課程對幼兒特定方面的發展效果，瞭解幼兒學習發展進步的狀況、瞭解評估特殊需要幼兒的需要等等，教師需要根據當時的情景來選擇和明確評估的目的。

就評估的內容而言，由於幼兒發展涉及的內容非常廣泛，教師進行的評估不可能也沒有必要涵蓋一切發展領域。幼兒教師可以根據國家出臺的相關文件政策和課程所涉及的領域，同時根據自己所教幼兒的發展狀況來有選擇地確定一些重要的領域和方面作為評估的主題和內容。

就評估的時間來說，一般的三個時間節點就是學期初、學期中和學期末，以反映幼兒學習和發展的過程。對於時間跨度較長的評估方案，可以在這三個時間節點上收集數據。但是教師具體在什麼時候收集數據和資料，還要受制於評估內容所涉及的幼兒的行為與學習的結果，如果是那些容易發生量變的行為或者在短期內可能發生質變的行為，就需要隨時注意收集資料。

就收集資料和記錄的方法而言，可供選擇的方法有自然觀察、時間取樣觀察、事件取樣觀察、軼事記錄、檢核表、作品取樣等，同時教師還可以借助錄音錄影設備來更好地收集和記錄資料，這些在評估進行之前都需要妥善加以規劃。

本章回顧

幼兒發展評估的建構應從評估目的、評估主體、評估主題與內容、評估模式、評估工具選擇與制訂、篩選評估指標、評估資料的收集、評估所需要的資源條件、評估結果的使用等九個方面入手。評估實施的程序與步驟是：

第一，告知相關人員此次評估的基本情況；

第二，進入評估現場，取得評估對像一定程度的信任；

第三，正式開始收集數據；

第四，數據的清理與編碼；

第五，評估報告的撰寫。

在評估過程中，評估者可能扮演的角色是中立者、輔導者或者介入者、研究者，應學會靈活地把握。建構幼兒發展評估方案需要瞭解的相關訊息主要有評估項目的背景訊息、明確評估的理由和目的、評估可能受到的限制。評估方案建構時應考慮的要素包括項目要素、問題、限制、評估過程、優先順序和經費資源。

思考題

1. 闡述幼兒發展評估方案的構成要素。
2. 如何篩選幼兒發展的評估指標。
3. 簡述幼兒發展評估的程序和步驟。
4. 簡述幼兒發展評估方案需要瞭解的背景訊息。
5. 簡述建構幼兒發展評估方案的方式。

第五章 獲取幼兒發展評估資料的方式

第五章 獲取幼兒發展評估資料的方式

　　幼兒發展評估的資料或者數據指的是評估者運用一定的方法工具從被評估對象身上取得的各種訊息的總和。諸如幼兒的性別、年齡、宗教信仰、父母親的職業、在某個測驗中的得分，或者評估者運用自編的工具觀察記錄到的幼兒的行為（無論是數字形態的還是文字形態的）都屬於資料或者數據的範疇。

　　收集評估資料的方式很多，總體來看可以分為量化的方式和質化的方式，其中量化的方式主要包括觀察、訪談、問卷、測驗等；質化的方式主要包括參與式觀察、焦點訪談、作品和檔案等。就每一種具體的方式而言，都有其優點，也都有其侷限性，都不能完整地收集反映幼兒發展的所有訊息，為此，評估者需要結合評估的目的和自身的專業水準，以及時間、成本等考慮恰當地選擇適宜的收集資料的方式。

案例

　　以下是一位教師的軼事記錄：

　　新學期開學報名那天，潼潼很早就和潼潼的爸爸入園了，興沖沖地來到班級，觀察新教室裡面的物品，到處看到處摸，但是潼潼走到儲物櫃前，看到沒有照片只有文字的櫃子，一臉迷茫。我說：「潼潼，你知道哪個是你的櫃子嗎？上面貼了所有小朋友的名字喲。」潼潼低聲細語地說：「老師，我不認識自己的名字。」我指著潼潼的櫃子上的名字，給潼潼念：「你看這裡寫著張馨潼，你記住自己櫃子的位置了嗎？」潼潼點了點頭。接著潼潼和爸爸繼續參觀教室，在一面牆上發現了「自我管理我最棒」的評估表（上面有班級所有幼兒的名字）。潼潼在尋找自己的名字所在的表格，爸爸順口說了一句：「你看到自己的名字的位置了嗎？」潼潼並沒有點頭，而是一直在尋找，我想這孩子不認識自己的名字，在短時間裡是不可能找出來的，正準備上去給潼潼指出她名字所在的位置，結果潼潼跑開了。只見這個孩子跑到儲物櫃的前面，用手指指著自己的櫃子上的名字念「張——馨——潼——」，接著

又快速地跑到評估表前,一個名字一個名字地核對。在第一次比對完後,潼潼並沒有找到自己的名字,但潼潼並沒有放棄,反而繼續跑到櫃子的前面去,主要認識「張」字的大體構造,接著在評估表中篩選出來了班級裡所有帶有「張」字的名字,如「張悅菱」「張馨潼」「張然」「張梓萌」。潼潼按照自己名字的個數淘汰了「張然」的位置,接著再次回到櫃子的前面,重點認識「馨」字。第二個字相對其他的字比較複雜,最後潼潼很清晰地確定了評估表中自己名字的位置,問道:「這個是我的名字嗎?」我說:「對,你真棒!」潼潼的臉上洋溢著滿足的笑容。

(本觀察記錄由周新老師提供)

問題聚焦

要想理解這位孩子的行為表現以及發展水準,現有的這些訊息對教師來說足夠了嗎?如果不夠,教師還可以透過哪些方式來收集這位幼兒的發展訊息?

學習目標

1. 瞭解幼兒發展評估收集資料的要求。
2. 掌握常見幼兒發展評估資料收集的技術。
3. 在收集資料過程中需要秉持的倫理規範。

第一節 收集幼兒發展評估資料的過程和要求

評估資料的收集是評估過程中一項非常重要的工作,也是一項需要耐心和技術的複雜工作,評估資料的質量直接關係到評估的成敗。

一、收集評估對象的背景訊息

幼兒發展評估資料的收集,其實在選擇和確定評估對象的時候就已經開始了。這時候評估者需要儘可能收集幼兒的背景訊息,因為這些背景訊息對於評估者理解評估對象、制訂合理的評估方案、解釋評估的數據以及運用評

估的結果都會產生重要的影響。舉例來說，如果評估者比較準確地掌握了幼兒所使用的語言、父母親的社會經濟地位、父母親婚姻狀況等背景訊息，就可以比較合理地解釋和說明幼兒的發展狀況並進行恰當的歸因。

一般而言，評估者需要收集的幼兒基本訊息如表 5-1 所示。

表5-1 幼兒基本資訊表

幼兒姓名：	出生日期：
幼兒的性別：	與幼兒一起居住的人：
父母或者監護人姓名：	幼兒現在的住址：
幼兒所使用的語言：	主要照看者：
是否有兄弟姐妹：	是否有特殊需要：
父母親婚姻狀況(如果是離異,孩子的安置狀況)：	
父母親或者監護人的社會經濟地位(SES)：	
幼兒出生地：	父母親或者監護人的教養方式：
幼兒健康狀況：	曾經上過的幼教機構
父母親或者監護人的受教育水準：	
父母親或者監護人的宗教信仰：	
父母親或者監護人的職業：	
父母親或者監護人的聯繫方式(手機或者電子郵件等)：	

上述幼兒基本訊息表中的部分訊息在實踐中是不大容易收集到的，或者說很難收集到非常準確的數據，其中最有代表性的就是父母親或者監護人的社會經濟地位、父母親婚姻狀況以及幼兒是否有特殊需要。家長出於自我保護的心理，一般不願意向幼教機構或者評估者提供此類敏感的涉及隱私的訊息，評估者只能透過一些迂迴的方式來瞭解或者推斷，因此可能導致數據不夠準確。例如反映家庭社會經濟地位的主要指標是家庭或者父母一方的收入，但是這一數據家長往往不願意提供，評估者只能透過父母親的職業或者幼兒所在班級的老師進行綜合判斷，從而得到一個模糊的數據。

二、選擇適宜的收集評估資料的方法

評估方案確定之後，評估者就需要根據評估的目的來選擇和確定適宜的收集評估資料的方法。所謂適宜的收集評估資料的方法指的是符合此次評估

的總體目標，能夠收集到反映評估指標指向的兒童發展的訊息和數據，同時方法又是在評估者的經驗與能力範圍之內，符合時間和財務預算。由此可見，適宜的方法並不是單純從技術上來判斷的，需要綜合很多因素來加以綜合判斷並做出決定。

以幼兒創造能力的評估為例，如果評估的目的是瞭解某個地區幼兒創造能力整體發展的狀況，評估者在預算充足，評估者也具備足夠評估所需專業能力的情況下，採用測驗的方法，選擇成熟的創造能力或者創造思維測驗工具來進行測驗是比較可行的做法，雖然測驗的方法並不能完全且深入地反映幼兒創造能力的發展狀況，但是在具體的情境下，測驗不失為最好的選擇。如果是對小規模幼兒的創造能力進行深入的瞭解和評估，採用創造能力測驗就不是最適宜的方法，適宜的方法則是觀察法、作品收集法或者檔案法。

三、設計收集資料所需要的工具

收集評估資料的方法確定之後，就需要根據評估的目的和評估的指標來精心設計收集資料所需要的工具，以便讓資料和數據的收集按照一定的規範和程序進行，保證所收集數據資料的真實性和有效性。評估資料的收集過程其實就是工具的使用過程。這些工具通常表現為一些表格、問卷、設施設備等。以觀察法為例，評估者需要根據自己所選定的觀察方法，設計觀察記錄所用的各類表格，同時還要準備錄音錄影的設備。如果是評估幼兒的音高辨別能力，則需要專門的設備，諸如音叉、鋼琴等。如果是結構式的訪談，則需要按照訪談法的要求排列好問題，編制好記錄表格，同時準備好錄音設備，這樣才有可能收集到符合評估目的的高質量的資料和數據。

四、就資料收集對評估者進行專門培訓

就一般情況而言，某些具體的幼兒發展評估很少是由一個評估者來單獨完成的，往往需要一群評估者來協作完成全部的評估工作。很多評估者本身沒有參與評估方案的制訂，評估者在評估方面的專業知識和專業技能也有差異，為了提高所收集到的數據資料的質量，必須保證評估者的內部一致性，即所有評估者都能按照評估方案的總體要求，按照固定的程序和要求來客觀

地收集資料。為了保證評估者的內部一致性，除了儘量選擇富有經驗的專業的評估者之外，則需要對這些參與評估的人員進行相關培訓，以增強他們收集資料的內部一致性。

培訓的內容主要包括以下幾個方面。

(一) 熟悉瞭解幼兒發展評估的總體方案

在開展正式的、嚴肅的幼兒發展評估之前，評估者一般都會制訂一個總體的評估方案，對評估的目的、評估的指標體系、收集資料的方式、數據資料的處理、評估報告的撰寫等做出安排。一般來說參與評估的人員分工和崗位會有所不同，有的負責總體評估方案的設計，有的參與評估指標的設計，有的負責評估數據資料的收集，有的負責數據資料的整理與分析，有的則負責評估報告的撰寫，有的評估者主要負責與幼兒園、教師或者家長進行協調與溝通工作。無論評估者的分工如何不同，都需要在總體方案的指引與約束之下展開自己的工作，為此，在評估方案制訂公佈之後，就需要組織所有的評估者認真學習和領會評估方案，尤其是要明確此次評估的目的，認同評估的目的，正確認識此次評估的價值與意義，瞭解評估指標的理論依據與構成等。

(二) 練習各自參與的評估工作的程序和要求

在一個較為專業和詳盡的幼兒發展評估方案中，會對評估工作的每個方面都做出具體、程序化和操作化的規定，為的是保證評估的客觀性與有效性。為了讓評估者熟悉自己所參與部分的程序、要求，只提供評估方案的文本閱讀是非常不夠的，無法達到提高評估者內部一致性的目的，因為閱讀文本最多只能保證評估者在觀念上達成表面的一致。為此組織評估者就自己所參與的工作進行模擬演練是一個非常有效的方法，尤其是資料收集方面的工作更需要實際的演練，在演練中才能發現很多的問題，諸如不同的評估者對收集資料的方法與對工具的理解和運用存在很大的差異，不按照收集資料的程序來收集資料等。只有透過不斷地演練，評估者才能將資料收集工作程序化、規範化，減少犯錯誤的概率，進而提高收集資料工作的質量與效率。如果時間和其他條件允許，找到其他非評估對象的幼兒園和幼兒進行評估工作的實

際練習，會造成事半功倍的效果，評估者將取得更多的第一手的經驗與感受，從而更好地完成評估工作。

經過培訓後，評估者應該熟悉以下幾個問題：

一是在什麼地方收集幼兒發展評估的資料，是在幼兒的班上還是在幼兒的家裡；

二是在什麼時候收集幼兒發展評估資料，即從什麼時間點開始收集資料，是持續性的收集還是間隔性的收集，如果是間隔性的，則間隔時間為多久等；

三是收集資料的程序步驟以及每個步驟的具體要求。

可以這樣說，在正式開始收集評估資料之前，這三個關鍵問題必須得到解決，否則直接影響評估結果的客觀性和真實性。

五、取得家長的書面同意並進入現場收集資料

幼兒屬於沒有民事行為能力的自然人，對幼兒的發展進行正式的評估必須徵得其父母和監護人的書面同意，這是出於尊重監護人的知情權和保護幼兒基本權利的考慮。為此，評估者必須將評估本身對家長進行充分的說明並設計制訂書面的同意書，取得家長的理解支持和書面的授權同意。如果有家長不同意自己的孩子參與評估，評估者必須尊重家長的選擇，因為家長擁有不參與評估的權利。

取得家長同意之後評估者才可以進入評估現場來運用自己設計的工具收集數據資料。幼兒發展評估一般都在幼兒比較熟悉的情景中進行，就現實的情況來看，大多數幼兒發展評估的場所是在幼兒園。如果是由幼兒園內部的人來對幼兒進行評估，則不存在進入現場並取得幼兒熟悉和信任的問題；但是對於外部的評估者而言，就需要用一定的時間來和評估對象以及評估對象的教師、保育員等相互熟悉，並告知其評估的相關事宜，將評估的方案，尤其是評估的指標與工具提供給教師閱讀，請求得到教師的協助和支持。評估者需要讓幼兒和教師感覺到自己是值得信賴的人，不會給他們帶來什麼不好

的後果。就實踐的經驗來看，來自外部的評估者取得教師的信任非常關鍵，因為教師對待評估者的態度會直接影響評估者資料收集工作能否順利進行。

在具體的資料收集過程中，來自外部的評估者首先需要瞭解幼兒所在班級的作息時間與課程教學安排，與教師一起協商並確定適宜收集數據的時段以及評估對象接受評估的順序等，避免衝擊幼兒園正常的教學秩序，引起教師的不滿；同時評估者也可以透過非正式訪談教師的方式來瞭解評估對象更多的背景訊息，作為對評估資料的有益補充。當然，評估者還可以在徵得幼兒園管理者同意的前提下查閱幼兒園積累的與幼兒發展緊密相關的檔案資料，並作為此次評估所收集資料的重要組成部分。

在正式進入評估資料收集的階段後，評估者可能還會遇到兩個比較棘手的問題：一個是有的家長會選擇中途退出評估，預防和解決這個問題除了評估者要與家長保持良好的溝通、勸說家長繼續參與評估之外，還需要事先在選擇確定評估樣本的時候，留出一定的富餘，以免評估對象的中途流失而影響整個評估工作的順利進行；另一個問題就是評估者可能會發現自己事先設計的評估工具，諸如觀察表格、行為檢核表格以及訪談提綱等不適合幼兒，無法準確地概括和反映幼兒的行為，或者說無法準確地區分幼兒的某些行為，這時候就需要評估者根據現場的反應來及時調整研究工具，要讓自己的研究工具適應孩子的行為表現，而不是將孩子的行為表現硬性塞入自己設計的並不妥當的工具中。

六、清理資料和數據

從理論和邏輯上來看，當資料收集工作結束後，評估者要做的不是馬上進入數據的統計分析階段，而是先要對每一個評估對象的評估數據資料編上序列號（可以採用記號筆在原始數據記錄文件上編上醒目的序列號），然後將數據輸入專門的統計軟體，之後再花費一定的時間和精力對數據資料進行清理，確保數據資料的真實性和有效性，剔除與評估目標無關的數據資料。在實際操作的過程中，數據清理工作很多時候並不是在收集工作結束後展開的，一般在每天收集評估資料結束後評估者都會及時清理數據，這樣做的好處是可以大大縮短評估的進程，分散工作量，減少評估者犯錯誤的概率。

清理數據資料的工作主要包括以下內容。

(一) 原始數據的完整性

評估者收集到的關於幼兒發展的原始數據首先必須具備的特徵是要完整，不能有遺漏和缺失，比如是否包含評估對象的姓名、年齡(精確到月份)、性別、所在班級、家庭的社會經濟地位、父母親受教育水準、幼兒園的地理位置和聲譽等等幼兒的基本訊息；其次是評估者運用評估工具收集的幼兒發展評估資料是否完整，工具所涉及的方面是否都有具體的資料和內容，以及是否符合評估方案的設想和要求。

(二) 原始數據的真實性

核查了數據資料的完整性之後，評估者就需要認真檢核數據資料的真實性，即自己所收集的數據資料是否都是真實的，是否存在錯訛誤、張冠李戴、虛假編造以及輸入錯誤等情況。對於真實性的檢核，可以從兩個方面入手，一方面，組織人員檢核原始數據是否按照程序規範來收集的，是否存在錯漏、簡化和想像添加等情況；另一方面，需要對照原始數據來看統計軟體中的輸入是否存在錯誤或者遺漏。如果資料和數據不是很多就可以直接用原始數據和統計軟體中的輸入結果來比對的方式加以解決，如果評估數據資料的量非常大，一般會採用隨機抽檢的方式來加以核對，也可以對統計軟體中的量化數據進行描述統計分析來看是否存在不合理的、違反邏輯和常識的數據，如果發現缺省或者極值等數據的存在，就需要返回來核查原始數據資料。相應地，對於質化的數據，只能採用與原始數據記錄比對的方式來進行核查。

總之，數據的核查清理不是一項技術含量非常高的工作，而是一項需要有高度責任心和耐心的工作。需要指出的是，如果評估資料的收集的過程比較統一規範，則數據清理的壓力和工作量就會大大降低。

第二節 收集幼兒發展評估資料的方法

在幼兒發展評估中收集到有效的數據資料是評估最為重要的一個部分，因為評估的結果是從數據和資料中得到的。

為了客觀準確地對幼兒的發展進行描述和評估，評估者必須盡自己的所能收集到能夠反映幼兒發展的數據資料以供自己做出較為合理的判斷，否則所做出的評估結果就會因缺乏證據和事實的支撐，失去公信力並且無法發揮評估的教育功能。

這裡首先需要明確數據或者資料的概念。在教育研究和評估中，數據或者資料指的是評估者根據評估的目的和主題從各種渠道收集到的反映幼兒學習發展狀況的各類訊息的總和。數據可以分為量化的數據和質化的數據兩種類型，其中量化的數據主要有人口學方面的數據（諸如幼兒的年齡、性別、家庭排行、家庭社會經濟地位等），幼兒在某個測驗或者評定量表上的得分，以及幼兒在問卷中的選擇等；質化的數據主要包括幼兒的言語行為，幼兒的作品、照片、視頻以及幼兒對訪談問題的回答等。評估者在評估之前就應該想好和明確自己需要收集何種類型的數據以及收集多少數量的數據。

收集幼兒發展評估資料的方法有很多種，其中用得最多的是觀察法、訪談法、測驗法和作品檔案法等，下面對這幾種主要的方法進行介紹。

一、觀察法

觀察法是一種獲取幼兒發展訊息的有效方法，具有很多的功能：透過觀察可以描繪幼兒在幼兒園教育情境中的行為表現，也可以描繪幼兒在家庭情境中的行為表現，還可以描繪幼兒在觀察者創設的情境中的行為表現。這可以為評估者與教師提供多方面的訊息，諸如特定情境中幼兒的行為、學習品質與風格、人際互動、在不同情境中行為的差異等有用訊息。

觀察法在研究和評估中很早就得到了運用，因其能在自然的情境中提取出研究者或者評估者需要的行為而得到提倡。幼兒的任何行為中都包含著可能有用的訊息，從量化研究和評估的角度來看，諸如行為發生的頻率、持續的時間、潛伏期以及速度等都有可能值得被評估者記錄下來。當然，觀察法根本不可能記錄下來在自然情景中發生的每一件事情和每一個行為。觀察主要是對研究者或者評估者關注的目標行為進行具體化，這些行為要被精確化且不能依靠評估者的推論而得到，這樣做的目的主要是提高經由觀察而得到

的數據資料的客觀性和信度。觀察的信度主要取決於評估者之間和評估者內部的一致性,以及隨著時間和情境的變換,特定評估者在觀察中的穩定性。

常見的觀察法主要有連續的記錄、時間取樣、事件取樣、評定量表和檢核表。這樣的分類是相對的,不是絕對的,這些方法可以單獨用來觀察幼兒的行為,也可以綜合運用來觀察幼兒的特定行為。相對而言,時間取樣的方法在研究中用得比較多,其餘的方法主要用於幼兒發展的診斷和評估;對於那些發生頻率比較高的行為來說,這 5 種方法都是適用的,這 5 種方法的核心都是一樣的。

(一) 觀察法的行為要素

從行為的角度來看,觀察的要素包括注意、焦點與背景、主觀介入、判斷及結論。

注意指的是觀察者將自己的注意力投向某個待觀察的對象及其所處的場景,運用自己的感官來獲得一些關於觀察對象的訊息,同時自己也可能會受到一些觸動和影響。

焦點與背景指的是觀察者將注意力的焦點對準要觀察的對象,其他與觀察對像有關的人或者物體就變成了「背景」。接著觀察者將自己的注意力對準觀察對象身上需要觀察的具體行為,將對象的其他行為表現以及其他人和場景作為觀察的「背景」。

主觀介入是指在觀察的過程當中,觀察者自己的動機、價值觀、偏好、成見以及知識經驗等都會參與進來,即使觀察者怎麼努力都沒法完全排除掉這些主觀的因素介入觀察過程。這不等於說觀察者的主觀介入一定是不好的,從積極的方面來看,正是有了觀察者的主觀介入,才可能有意義的產生,才有可能對觀察的對象、事件、場景等進行一系列的理解、還原、推論等。從消極的方面來看,主觀介入過多,也有可能導致觀察者對觀察對象的臆測、曲解和錯誤的解釋,無法建構出真實的意義。

判斷及結論指的是在觀察的過程中,觀察者隨時都需要做出判斷,觀察者需要隨時判斷幼兒表現出來的行為是不是自己需要觀察的目標行為,這個

事件是不是孤立的，是不是比別的事件更有說服力等，而不是僅僅聽到或者看到某些行為並將它們記錄下來。在一系列判斷的基礎上，觀察者透過對數據資料的分析還要得出一個終結性的結論。

從理論上來看，具備了上述要素的行為可以稱之為觀察，但是這些要素的存在並不能保證觀察者所做的觀察一定是有效的和客觀的。要想真正做到專業的、有效的觀察，還需要在很多方面做出符合規定的努力。專業的觀察是按照科學研究共同體的規範和要求來展開的觀察行為，需要遵守一系列的規範、程序和倫理，儘可能減少犯錯誤的概率，提高所做觀察的可重複性和可驗證性，真正成為幼兒發展評估可以使用的有效數據。

(二) 觀察法的步驟

運用觀察法來收集幼兒發展評估資料的步驟如下。

1. 確定觀察的目標行為

評估者在確定選擇觀察法來收集幼兒發展的資料之後，首先需要明確的問題就是根據評估的目的來澄清要觀察的幼兒行為，即解決觀察什麼的問題，畢竟觀察是有目的地收集數據的活動，而不是一般意義上的「看」。例如要評估幼兒的語用能力，就需要在評估之前，儘可能明確語用能力的內涵以及對應的行為表現，只有這樣才能讓觀察更加服務於評估的目的、更加便於操作。

評估者的觀察是有目的的，只想看到他想要的行為。為了排除類似行為或者無關行為的干擾，評估者必須儘可能清晰明確地界定所要觀察的行為。一般情況下，評估者都會採用行為描述法來給要觀察的行為下定義，即用更為具體的、可以反映要觀察行為屬性的可觀察行為來描述目標行為。這樣的操作性定義可以讓其他的觀察者進行客觀的觀察，能夠大大提高觀察的客觀性和可靠性。

評估者在確定了要觀察的行為之後，就需要馬上問自己「什麼是我要觀察的目標行為」，並給出其操作性的定義以便於觀察。例如可以將幼兒的旁

觀行為定義為「注視同伴或者其他成人的行為達 2 分鐘以上,但自己沒有表現出參與的願望或者行動」。

定義要觀察的行為的步驟如下:

(1) 清晰而且準確地定義目標行為。

(2) 列出目標行為的例子。

(3) 對目標行為的定義進行修改,使它包括所有的實例。

(4) 列出那些與目標行為相似但又不屬於目標行為的實例。

(5) 修改定義使其不包括那些非目標行為的實例。

(6) 把這個定義拿給受過訓練的和沒有受過訓練的觀察者看,看他們能否一致地判斷目標行為出現與否。這一步可以使用錄影帶。

在評估的實踐中,評估者會發現幼兒的有些行為是比較容易下操作性定義的,但是有的行為在下操作性定義的時候就非常困難。如果評估者要觀察的行為是幼兒的謙讓行為,則比較容易下定義:謙讓包括主動謙讓和被動謙讓兩種。「主動謙讓」指在沒有任何成人或者同伴提醒、暗示等情況下,自己提出並將某些東西(玩具、圖書、食品、機會等)讓給同伴;「被動謙讓」指在成人或者同伴的提醒或暗示之下,才將某些東西(玩具、圖書、食品、機會等)讓給同伴,並有不情願的表情和言語。相比之下,與之對應的不謙讓行為就更加明確,那就指經過成人或者同伴一次以上的提醒,仍不肯把某些東西讓給同伴。如果評估者要觀察的行為是幼兒的創造性行為,由於這類行為涉及兒童發展的很多領域,評估者就會發現要對這類行為給出精準的操作性定義是非常困難的。

2. 確定觀察所需要的工具

為了提高觀察的效率,提高觀察所得數據的真實性和可靠性,觀察者需要根據觀察的目的和目標行為制訂相應的工具來展開觀察。這些工具一般都是一些記錄、檢核的表格,以及一些便於記錄的符號系統等。

3. 確定觀察的對象並進入現場

確定了工具之後，評估者需要根據評估的總體方案來選擇和確定需要觀察的幼兒的數量、年齡、班級等。外部的評估者在確定了觀察對象之後並不能直接開始觀察幼兒，而是需要做兩件事情。首先要到幼兒所在的班級，讓教師向幼兒介紹觀察者，熟悉幼兒的名字並取得教師和幼兒的信任；之後評估者就需要試用自己之前所設計的觀察工具是否符合現場的情況，能否得到較為理想的數據。試用工具之後需要根據所得數據對工具進行調整和修訂。幼兒園內部的評估者一般可以省去熟悉觀察對像這個環節。

4. 實施觀察

在解決了觀察工具的適用性之後，評估者就可以按照既定的方案對幼兒進行有目的的觀察，收集所需要的觀察數據和資料。在實施過程中，評估者需要恪守評估的倫理和每一種具體方法的程序與要求。

5. 數據的清理與編碼

經過一段時間的觀察，評估者收集到了足夠的數據和資料之後，首先就需要對數據進行清理。清理的內容主要是核對記錄的準確性、完整性以及觀察對象的基本訊息等。在清理完了數據之後，對於那些採用自然觀察法等方法收集來的數據資料就需要建立編碼系統，將其轉化為可以進行定量分析的數據。

(三) 觀察法的種類

根據觀察時評估者對觀察指向、數據本身的內涵以及收集和處理資料方式等方面的差異，可以將觀察分為兩大類：量化的觀察和質的觀察。

1. 量化的觀察

量化的觀察是用事先設計好的工具來選擇性地收集幼兒在特定方面行為表現的數據的觀察方法。它針對的是幼兒外顯的、可以測量和數量化的行為，所認定的數據資料主要是數字化的形式，主要採取數量化的方式收集數據，數據資料的分析也主要採取量化統計分析的方式。量化的觀察既可以用在單個幼兒的身上，也可以運用於群體幼兒的身上。

第五章 獲取幼兒發展評估資料的方式

透過量化的觀察，評估者可以呈現幼兒在發展方面的如下情況：特定群體幼兒在特定行為方面呈現出的總體態勢、差異程度等；與群體中其他幼兒相比較，某個幼兒在特定行為方面所呈現出的差異，在群體中所處的等級和位置等。

無論是從理論還是經驗方面來看，量的觀察在觀察之前都需要對要觀察的幼兒行為具有整體性的理性認識，其關鍵點就在於觀察的工具。而且觀察的工具必須在觀察開始之前制訂好，並且要得到初步的檢驗並具備很好的信度和效度。工具制訂好了就需要訓練觀察者並展開觀察，並收集足夠的數量化數據，最後對這些數據進行統計分析以求得出結論。

2. 觀察與記錄的工具

(1) 軼事記錄

軼事記錄指的是觀察者對自己感興趣的幼兒行為進行客觀和詳細的描述。軼事記錄具有較強的不確定性，它取決於觀察者個人的興趣和主觀意願，一般都在事件發生的當時或者過後進行。為了提高軼事記錄的真實性和客觀性，教師可以借助一些設備，諸如攝像機、錄音筆等輔助自己記錄。

就內容要求而言，軼事記錄必須提供所記事件發生的具體時間、地點、場景等基本訊息，要按照時間序列重點記錄事件發生的詳細經過，尤其要保留幼兒所有的對話，而且要用幼兒的原話記錄，不能用教師概括或者歸納的語句來記錄。與此同時，記錄者一定要儘量保持客觀，不能因為自己的喜好、情緒狀態等影響記錄的真實性和客觀性。為了提高教師記錄的速度和準確性，教師可以自己發明一些簡寫或者符號來幫助自己，不能急於對記錄的事件進行解釋說明，而應該以此為基點收集更多元豐富的資料之後再做分析解釋。

下面提供一種軼事記錄的表格 (表 5-2) 供大家參考。

表5-2 軼事記錄表

觀察對象的姓名：	所在班級：	
觀察時間：	觀察地點：	觀察記錄者：
事件經過： 　　起始 　　經過 　　結果		
觀察者備註或者評論：		

軼事記錄沒有固定的格式和模板，評估者也可以借鑑下面的表格（表5-3）來進行軼事記錄和對幼兒的發展進行評估。

第五章 獲取幼兒發展評估資料的方式

表5-3　幼兒上課軼事紀錄 [1]

1.幼兒信息
姓名:(代號甲)
性別:男
年齡:5歲
排行:老大(只有一個剛滿月的妹妹)
就讀班級:小班
外表特徵:白白壯壯高高
行為:個性較自我、喜歡命令別人、好動、活潑
2.觀察的主題:上課的情形
3.觀察的時間:5月16日上午十點到十一點

客觀	主觀
甲上午一到教室，書包未放入自己的櫃子裡，就跑出去玩玩具，等到老師提醒後，才將書包放入櫃內，然後又去積水區與其他小朋友玩，看到別的小朋友已完成的作品，他便用力把它打翻，哈哈大笑後跑掉。老師叫他時，他就躲得遠遠的。吃點心時又跑回自己的位子不時與鄰座小朋友講話。上律動課時，排到最後面，邊律動邊推旁邊的小朋友，最後自己跌倒，坐在地上哭	1.一看到玩具，便忘記自己應把書包歸位 2.想引起他人的注意，好動、喜歡刺激 3.擔心闖禍要受罰，想逃避 4.好動、愛說話、愛鬧場
結論:甲是一個活潑、好動的小朋友，針對甲應設計動態、活潑、新鮮的課程來引起他的學習意願及興趣		

　　軼事記錄本身也有質量高低之分，有研究者將觀察者撰寫的軼事記錄分為四種，其中只有第四種才被認為是好的軼事記錄，而其他三種都是需要觀察者注意避免的：

　　第一種：評估或者判斷學生乖不乖、好壞、討不討人喜歡的軼事——評估性的陳述（必須避免）。

　　第二種：為學生的行為給予解釋的軼事，常常只根據一個事件或理論來解釋——詮釋性的陳述（必須避免）。

　　第三種：以一般性的字眼描述的軼事，描述的語氣像是某事常常發生，或說成像是某學生的特質一般——泛化的陳述（必須避免）。

第四種：準確地說出學生做了什麼或說了什麼，具體描述行為、言語發生的情境，並清楚交代別人又說了什麼或做了什麼的軼事——明確或具體的描述性的陳述 (最好的一種)。

下面是一個幼兒園自己制訂的教師運用軼事記錄法來觀察幼兒行為的表格，一位教師借助此表格 (表 5-4) 對孩子在活動區的行為做的觀察記錄。

第五章 獲取幼兒發展評估資料的方式

表5-4 觀察記錄

幼兒姓名	亞楠	年齡	6歲	性別	女
觀察時間	2014年4月22日	地點	班級活動區	觀察方法	軼事記錄法
觀察目的	幼兒在活動區玩的過程中的具體能力或表現。 活動區投放的材料是否能吸引幼兒。 幼兒在活動區中的操作情況，幼兒是否有愛惜材料的意識。					
觀察目標	幼兒與同伴交往時是否一起分享物品,合作交流。 幼兒是否對活動區的材料感興趣。 幼兒在活動區玩的過程中的情緒表現。					
觀察實錄	在下午的活動區活動之前，亞楠就來問了我幾次什麼時候能在活動區玩，我說還有一會兒，還沒到時間，她撇撇嘴走了。終於到了活動區活動時間了，有五六個小朋友飛快地跑去拿了幾筐積木，開始搭建自己的作品，有的小朋友在 搭建立交橋，有的小朋友在搭建高樓大廈，還有的小朋友在搭建公園。 　　這時亞楠也去拿了兩筐積木，她一邊擺弄著積木，一邊對身旁的雨婷說:「雨婷你看，我現在要搭建一棟很高很漂亮的房子，我就想住在這樣的房子裡。我要搭建的房子有三層樓啦，一樓有客廳和廚房，二樓是爺爺奶奶住的房間，三樓就是我和爸爸媽媽住的房間了，我還要在房頂上搭建一個小房間，那是放我的玩具的房間。」聽完亞楠的話，雨婷不服輸地也向亞楠介紹起自己要搭建的作品:「你搭建的樓房只有三層，只是棟小樓房，我要搭建的是高樓大廈，比你的房子可是高多了漂亮多了，我要搭建十層樓的房子，每一層樓都可以住人，也可以擺放需要的物品，有客人來隨便住哪間都可以。我請你到我家來做客，你也可以隨便選一間房子來住，怎麼樣，比你的房子好多了吧!」她們邊說邊搭建自己的樓房，亞楠看到雨婷搭建的樓房比自己搭建的樓房高很多，也開始不斷地在原來搭建的房子上添加起積木來，她說:「你這有什麼厲害的，只不過比我搭建的房子高幾層樓而已，我也可以多加幾層樓，比你的房子還高。」於是這兩個小朋友互不相讓地開始給自己搭建的樓房加積木以增高樓層，不一會兒，兩棟樓房高高地擺在了桌子上，但是這兩棟樓房都搖搖欲墜，眼看著就要倒下來了。坐在桌子另一邊的天穎不耐煩地說道:「你們兩個要幹嘛?兩個人把桌子占了那麼大的地方，我怎麼玩兒呢?」本來還在爭吵的亞楠和雨婷停止了爭吵，亞楠說:「天穎，要不我們把自己搭建的房子都移到中間圍在一起吧，這樣就變成一個社區了。」天穎被這一提議說動了，三個小朋友小心翼翼地將自己搭建的房子都放到了桌子中間圍在一起，天穎說:「你們的房子搭建得太高了，都要倒下來了，快減少幾層樓，這樣房子才能更堅固。」她們一邊把頂上的積木拿下來一邊笑著講述她們搭建的社區，還給她們的社區起了名字叫「幸福社區」。隨著材料的減少，她們搭建的房子穩固了，但是她們似乎沒有察覺到有些材料掉落在地上，踩在她們的腳下，我正想走過去提醒她們，亞楠大聲說道:「材料都掉到地上了，我們撿起來再玩吧。」可是沒人理她，她把掉在地上的材料撿起來後繼續投入建房遊戲中。					

	續表
簡要評估	亞楠在班級中，屬於比較內向的幼兒，她6歲了，不時不多言不多語，但她喜歡探索自己喜歡的新事物，享受發現新事物的樂趣，她愛動腦筋，已經初步具有集體意識，不時樂於助人，根據大班幼兒的年齡特點，她的表現已經是非常好的，符合大班幼兒的年齡特點。她搭建的房子是根據自己的想法一步一步進行搭建的，但她也和所有的幼兒一樣還具有「以自我為中心」的心理特點，所以她才會和雨婷互不相讓地增添積木搭高樓層，證明她希望得到別人的認可，希望自己的表現是最棒的，她具有的不服輸的心理狀態也符合大班幼兒年齡階段正常的發展規律。
建議	亞楠雖然很有自己的想法，也樂於助人，但她不時不愛和其他幼兒交流，只和挨著自己坐的幼兒說話，應該多多地鼓勵她多和班上的同伴交往，交流分享自己的觀點和想法，讓她體驗到與同伴交往的快樂。

總體來看，上述軼事記錄中的描述本身比較具體和明確（其描述還可以做到更加準確和量化），教師對自己的主觀介入控制得比較好，除了個別地方存在比較明顯的主觀推測之外，很少帶有評估性、推論性或者解釋性的描述。當然這個軼事記錄最大的問題不在於描述本身，而在於其他方面。

首先，教師對幼兒的基本訊息掌握不足，尤其是對家庭教養方式、家庭社會經濟地位、照看者等沒有進行呈現，在做出評估結果和提出建議的時候也沒有主動用到這些有用的訊息；其次，教師對觀察的內容不夠清楚，教師雖然分別對觀察目標和觀察內容做瞭解釋說明，但是依然沒有說清楚自己要觀察幼兒的哪種行為，在分析和做出結論的時候只能做出一些一般性的結論，導致觀察的目標、內容、過程和結論之間出現相互脫節的現象；最後，教師對自己所觀察到的幼兒行為的分析不夠深入，沒有將幼兒的行為放在更為複雜的背景下分析，也沒有拉長分析的時間維度，沒有聯繫其他方面的訊息和資料來做出較為穩妥的判斷和結論，導致出現描述比較厚實但是沒有實質性、客觀性以及發展性的評估結果。

(2) 時間取樣

時間取樣法以時間作為標尺，專門觀察和記錄幼兒在特定情景中的特定時間內所發生的行為，主要記錄想要的觀察行為是否發生，以及發生的頻率

第五章 獲取幼兒發展評估資料的方式

和持續的時間等訊息。時間取樣的觀察和記錄方法最適合用來評估幼兒那些經常出現的行為和表現，對於那些出現頻率不高的行為則不適用。(見表5-5)

表5-5 幼兒遊戲的社會性水平時間取樣觀察記錄表

幼兒	時間單位																統計			
	上午九點				九點十分				九點二十				九點三十							
	A1	P	A2	C	A1	P	A2	C	A1	P	A2	C	A1	P	A2	C	A1	P	A2	C
甲																				
乙																				
丙																				
丁																				
戊																				
己																				

說明：
A1:獨自遊戲(幼兒不與其他同伴發生聯繫，自己玩自己的)
P:平行遊戲(幼兒與同伴玩同樣主題和類型的遊戲，但是彼此互不干涉)
A2:聯合遊戲(幼兒與同伴玩同樣主題和類型的遊戲，但是彼此會發生聯繫，比如借用玩具、臨時扮演某個角色等)
C:合作遊戲(與其他同伴一起玩有組織和規則的遊戲，分工明確有主導者)

(3) 評定量表

幼兒行為的評定量表可以視為一種更為高級的行為檢核表，即教師根據事先制訂好的、標準化的行為量表來對幼兒的某種行為是否發生以及發生的頻率做出選擇和判斷。借助評定量表，教師不僅能觀察幼兒的某種行為是否發生，還可以從定量的角度來分析幼兒行為之間的差異。

評定量表雖然簡單易用，但也有著無法否認的缺點。這些缺點主要表現在評定者在評定的時候很難避免那些評估過程中的各種心理效應，如暈輪效應、順序效應等，評定者也往往根據自己最近的記憶做出選擇，而不是選擇在一個較長時間段內幼兒具有代表性的行為來作為自己判斷的依據。防止評定量表負面影響產生的最好辦法就是評定者平時要多積累幼兒發展方面的資

料、作品，做大量的觀察和軼事記錄，並在評定的時候用上這些資料，才有可能降低評定量表可能產生的負面影響。

鑒於遊戲在活動區活動中的重要角色，下面主要介紹在活動區活動中觀察幼兒遊戲性的量表。

遊戲性 (playfulness) 指的是幼兒與生俱來的一種人格品質，可以理解為一種自發的帶入遊戲情境的態度和傾向。關於幼兒遊戲性的測量工具用得最多的還是 Barnett 於 1990 年發展出來的量表，該遊戲性量表分為 5 個維度：身體自發性、社會自發性、認知自發性、歡樂、幽默感，共計 23 項，每個項目都有 5 個檢查點。

經過改編的中文遊戲性量表將維度修正為：歡樂情緒、認知自發性、身體自發性、活動類型和社會自發性。(見表 5-6)

第五章 獲取幼兒發展評估資料的方式

表5-6 遊戲性量表

		幾乎沒有	偶爾是	多少是	大都是	幾乎總是
歡樂情緒	遊戲中孩子能表達他所喜歡的遊戲，如「這個好好玩」					
	遊戲匯總情緒表現豐富，用言語或者非言語方式表達。如說「我笑死了」，同時展示出豐富的表情(如 笑彎了腰等)					
	遊戲中展現出熱忱，如投入地表演，熱烈討論，積極回應別人等					
	遊戲中孩子在情緒的表達上有節制，如當別人表達喜怒哀樂時，他自己很少有反應					
	在遊戲中這個孩子會哼唱和說話					
	遊戲中能與其他孩子欣賞笑話，如自己講笑話或者對別人的笑話有反應					
	遊戲中能和別的孩子開玩笑，諸如無傷大雅地捉弄別人或者被人捉弄					
	會說一些生活中好笑的事情來引人發笑					
	會對幽默有趣的故事開懷大笑					
	在遊戲中這個孩子喜歡扮演丑角					

續表

		幾乎沒有	偶爾是	多少是	大都是	幾乎總是
認知自發性	這個孩子能發明創造新的玩法					
	這個孩子用非常規的方式來使用物品					
	在遊戲中孩子能擔任不同類別的角色					
	在遊戲中能持續玩下去					
身體自發性	在遊戲中孩子的動作協調					
	遊戲中孩子會有自發的身體活動					
活動類型	在遊戲中這個孩子喜歡動態的活動，不大喜歡靜態的活動					
	在遊戲中孩子有大量的跑跳等活動					
社會自發性	在遊戲中對別人表達的親近能有所回應					
	這個孩子能引發別的孩子與自己一同遊戲					
	這個孩子在遊戲中能與別人合作					
	這個孩子願意與別人分享遊戲物品					
	這個孩子能在和別人玩耍時擔任領導的角色，例如分配角色，制訂規則等					

(4) 行為檢核表

幼兒發展評估

第五章 獲取幼兒發展評估資料的方式

行為檢核表指的是評估者在評估之前先制訂一個與觀察主題和內容緊密關聯的幼兒典型或者關鍵行為清單,然後由評估者在教育現場或者根據自己平時的觀察對幼兒是否出現清單上的行為以及出現的頻率、情境等進行判斷和記錄。

一個典型的幼兒發展行為檢核表及其使用情況如表5-7所示。

表5-7 幼兒社會性遊戲行為檢核表[①]

幼兒姓名:小明　　　　　觀察者:

幼稚園名稱:　　　　　　觀察日期:

檢核表使用方法:

　　請在幼兒規律性出現的行為項目前邊打「√」;如果沒有觀察到某個行為項目,請在該行為項目前邊打上「X」。不能確定行為是否發生的則不用標記,保持空白。

項目	證據	證據出現的時間
(X)看別人遊戲	小明沒有長時間(超過2分鐘)觀看同伴遊戲的行為	1月20日
(√)自己玩自己的玩具或材料	玩自己從家裡帶來的恐龍玩具	1月20日
(√)與他人用類似的玩具或材料進行平行遊戲	與其他同伴一樣開著小汽車	1月20日
(　)與他人進行小組遊戲		
(　)和其他人交朋友		
(√)以正向方式加入正在進行的活動	懇請同伴允許自己開著汽車到積木區的停車場	1月20日
(X)以正向方式維持在遊戲中的角色	抱怨自己以前從來沒當過國王,這次必須是自己當	1月20日
(X)以正向方式解決遊戲中的衝突	被同伴拒絕加入遊戲後非常生氣	1月20日

就其實質而言,行為檢核表其實就是一種結構化的觀察工具,其關鍵在於要列舉出真的能夠觀察到且能反映評估目的的幼兒的行為,要想讓行為檢核表中的行為具有科學性和合理性,檢核表的制訂者除了大量查閱與評估主

題有關的兒童發展研究文獻之外，自己到教育現場進行大量的觀察，基於觀察來提煉形成檢核表中的行為也是非常必要的。

行為檢核表在幼兒發展評估中的運用非常廣泛，由於其簡便易行，也深得幼兒教師的喜歡。但是行為檢核表說到底只是一種關注結果的觀察工具和方法，只能收集幼兒的某種行為是否發生等方面的有限數據，對於幼兒行為產生的背景、原因以及幼兒學習的過程則不能提供詳細的數據資料。

開發製作幼兒行為檢核表的過程並不複雜：第一步還是要明確評估的行為和相應的幼兒年齡、發展階段，例如某個檢核表指向的是 5 歲幼兒的分享行為；第二步就是根據現有的幼兒發展研究文獻和經驗，將評估的行為分解成更為具體、明確的一系列行為，或者列舉與要評估的行為緊密關聯的子行為，例如將分享行為分解為若干個具體的行為；第三步就是試用檢核表，即在真實的教育情境中讓不同的教師或者評估者來就同樣的評估對象的行為進行檢核，檢查行為檢核表的信度；最後一步就是根據反饋和現場的試用結果來修正和確定行為檢核表的終稿。

本書的附錄一是在臺灣的幼教機構中廣泛用來篩查發展異常的學前兒童發展檢核表，具有較高的信度和效度。有研究者發現該檢核表預測發展異常的正確概率 (ROC 曲線下面積) 為 $0.82 \sim 0.95(P<0.001)$. 此表還能比較有效地預測幼兒的入學適應狀況。

對於觀察者而言，首先要熟悉觀察工具的構成，觀察工具所規定的程序與步驟，其次是要注意工具所指向的幼兒行為、工具所帶的編碼系統、數據登錄方式等關鍵方面，以免誤用工具而導致觀察失效。

為此，觀察者在首次使用觀察工具之前接受系統的培訓和進行實際的練習是非常必要的。培訓和練習的主要目的是提高觀察者的一致性和觀察的信度。

就觀察結果的統計分析而言。量化觀察得到的數據都是關於幼兒的行為在頻率、強度、等級等方面的數據，當觀察的樣本符合統計的要求，觀察者積累到足夠多的數據之後，就可以按照數據自身的性質，選擇適合的統計分

析方法來對數據進行深入的挖掘和分析，力圖找出帶有共性和普遍性的結論來。

分析觀察所得數據時經常用到的統計量主要有平均數、標準差、百分位數、中位數、相關係數等；經常用到的統計方法主要有顯著性檢驗、卡方檢驗、相關分析、因素分析、方差分析、回歸分析等。評估者需要根據評估的目的、觀察工具和所得數據的特點來選擇適合的統計分析方法，才有可能得出合理的結論。

(四) 觀察中常犯的錯誤

觀察過程本身是一個充滿主觀性的過程，觀察者的成見、所具備的能力、知識經驗等都會捲入觀察過程，這就有可能導致觀察者犯一些「無意識」的錯誤，對幼兒的行為觀察出現偏差。在幼兒觀察中，觀察者常犯的錯誤主要有以下幾種。

1. 先入為主的觀察

觀察者在觀察開始之前，就憑藉自己所掌握的一些經驗並在自己的成見、偏見的影響下已經對觀察對象做出了某種結論性的判斷。比如觀察者事先知道這個幼兒園的幼兒主要來自低收入階層的家庭，觀察者就開始預設：這「些觀察對象的家庭社會經濟地位不高，父母親的受教育水平也不高，所以他們的遊戲性、行為習慣、知識經驗等都不會表現得太好。」這種預先的、錯誤的假設會貫穿觀察的始終，會嚴重妨礙觀察者對事實的認定與判斷，也會妨礙觀察者做出正確客觀的結論。

2. 研究工具的誤用

觀察需要借助工具，每一種工具都必須是經過標準化了的工具，才有可能幫助觀察者收集到有用的訊息。問題在於每一種工具的適用範圍是不一樣的，觀察者需要根據評估的目的和觀察的行為來做出合理的選擇。有的工具只適用於遊戲性的觀察，就不能用來觀察幼兒的同伴交往或者衝突解決；有的觀察工具只適合進行時間取樣的觀察，而不適用於進行事件取樣的觀察等。

這些都需要觀察者準確掌握工具的特點與能力範圍，並妥當地運用，以免犯錯。

3. 套用現成的教育理論來解釋幼兒的行為

觀察到了最終都需要對所看到的幼兒行為做出某種解釋和推論，尋找這些行為所蘊含的意義。很多觀察者比較相信，甚至是迷信某些幼兒發展和教育理論，不是從所看到的幼兒的行為出發來進行歸納概括，進而形成合理的解釋，而是選擇某些理論作為判斷的標準，看幼兒的行為是否符合某種外在的理論，如果符合就認為幼兒的行為是正確的、符合理論期望的，反之，則會被認為是異常的、不合理的甚至錯誤的。

4. 觀察者對觀察對象的影響

只要觀察者不是幼兒園內的員工，或者沒有足夠的時間熟悉幼兒，一位拿著記錄工具不時觀察記錄的評估者總會影響觀察對象，要麼讓幼兒感到好奇和分心，要麼可能會打斷幼兒的活動進程，同時還有可能引起幼兒的牴觸情緒等，所有這些影響都有可能影響到觀察所得數據的真實性和客觀性。在實踐中，很多觀察者的穿著會引起幼兒的好奇，同時有的觀察者還會走來走去，這些都屬於可能影響觀察對象自然地表現的做法，需要加以克服。正確的做法是評估者選擇一個相對固定的觀察位置，能夠看到幼兒整體的情況，同時與幼兒保持一定的距離，以儘量不打擾幼兒的行為為最高準則。

二、訪談

(一) 訪談法的概念

訪談法也是評估者收集幼兒發展資料的一種有效方法，但是經常受到評估者和研究者的忽略與輕視。訪談法指的是評估者以言語為中介，從訪談對象的人際互動中獲得相關幼兒發展訊息的方法。訪談的對象可能是幼兒，也可能是教師，還可能是家長。訪談可以瞭解到評估對象的內心情況(包括價值觀念、情感、態度、動機和行為準則)，可以瞭解評估對像過去的人生經歷和參與目睹的相關事件及自己的想法，可以就某個方面的問題的不同角度進行深度描述和還原。

第五章 獲取幼兒發展評估資料的方式

「訪談」與日常生活中人們的交談和談話是有著本質的區別的。日常生活中談話的發生具有很強的偶然性和無目的性，談話一般都沒有明確的方向，雙方都沒有進行深入談話和互動的義務與責任，談話可能隨時終止，雙方都可能帶著強烈的情緒色彩來進行談話等。而訪談是一種由訪談者發起的、由特定目的驅動的、圍繞特定話題在特定情境中展開的正式的、嚴肅的互動和探究性交談，它不僅要受到一般社會規則的限制，還要受到研究倫理和評估倫理的限制。當然，二者也不是截然對立和分開的。在正式的訪談之前進行一部分日常生活的談話也是必要的，能夠幫助訪談者引導訪談對象很好地進入訪談的情境和狀態。

下面這個例子就很清楚地說明了訪談和日常談話的區別。這個例子是訪談者對幼兒家長的訪談。

問：您覺得您的小孩是否從我們這個項目中學到了東西呀？

答：嗯……學到了，我覺得，因為我們還沒教過他，比如說什麼，下地鐵呀，然後包括那個，停的標誌我們只教過他一個紅的那個叉叉，但是他，比方說，是個「停」字，這些，可能，可能標誌更豐富嘛，比如這禁止通行那種，施工現場啊那種，沒有教他。

問：沒有教他，相當於在這個裡面是一個補充？

答：嗯，補充。

問：您是怎麼知道孩子學到了這些知識的呢？

答：嗯……我們要問他。

問：會問的？

答：對。

問：是針對那個電子書，您也是看了之後，然後……

答：嗯，對對對。我們要問他哪個標誌，本來他自己也要問嘛。

問：哦。

答：然後過後，我們還要問他，比如說它最後有個圖，就是幾個標誌全部在那，該怎麼填，我就問他哪個標誌該怎麼填，他自己選擇啊這些。

問：有沒有什麼沒有預料到的結果呀？

答：沒有什麼。

從上面的例子可以看出訪談就是要圍繞某個話題，在訪談者的引導下雙方進行深入的互動，從而收集關於幼兒學習與發展方面的更多詳細、具體的訊息。訪談者會從不同的側面就同一個問題來進行提問，引導訪談對象對此做出相應的回答，這一過程與輕鬆偶然的日常談話有著本質的區別，正是因為這一點訪談才成為一種研究和評估的技術方法。

就訪談過程的心理機制來看，主要涉及的是言語理解、記憶的提取和言語表達 3 個方面。訪談對象對訪談者的言語要在充分理解的基礎上，才有可能在自己的記憶中搜索提取相關的訊息；訪談對象只有具備一定的言語表達能力才有可能將自己的記憶和觀點表達出來讓訪談者接收到。由此可見，訪談法主要受制於雙方的言語理解和表達能力，也受制於訪談對像以往的經歷在記憶系統中的編碼程度及其提取的難易程度。這就在一定程度上可以解釋為何對幼兒進行訪談總是很難取得訪談者滿意的數據資料。

(二) 訪談法的類型

訪談法是一種常用的收集數據資料的方式，它也有著不同的類型。對訪談法進行嚴密的分類標誌著人們對這種技術的認識在深入。評估者需要根據自己的需要來選擇合適的類型。一般而言，可以從 3 個不同的維度來對訪談法進行科學的分類。

1. 按照訪談者對訪談過程的控製程度劃分

按照控製程度可以將訪談劃分為 3 種類型，即：無結構式訪談、半結構式訪談和結構式訪談。

在無結構式訪談中，不是說訪談沒有任何的目的和限定，只是說訪談者給予訪談對象的引導和介入降到最低。訪談者依然需要引導訪談對象圍繞某

第五章 獲取幼兒發展評估資料的方式

個特定的主題或者問題展開對話，只不過訪談者有很大的自由度，可以進行自由的發揮和探究。這種訪談一般不會用來大規模收集幼兒發展的資料，其主要用途是激發訪談對像自己說出自己的看法和想法，由訪談者從中發現訪談對象身上攜帶的獨特訊息以及引發出來的具有獨特價值的研究問題、評估問題。之後評估者就需要採用半結構式訪談或者結構式訪談來進一步獲取具體的、有用的評估資料。

在結構式訪談中，評估者事先會設計好訪談的提綱、訪談的程序，在訪談中會嚴格遵循事先規定的訪談提綱與程序。訪談的提綱主要包括問題的數量、問題的類型、提問的順序、提問的方式和問題、記錄方式等等；訪談的程序主要包括導語、正式訪談、錄音記錄、感謝以及不同階段對訪談者的言語行為要求等等。在結構式訪談中，所有訪談者經歷的問題和過程基本都是一樣的，除非訪談者進行了不同的追問。結構式訪談具有標準化的特徵，能提供幼兒的某種行為是否發生、行為持續的時間、行為發生的頻率、行為產生的影響等方面的有效訊息，從而具有較高的信度和效度，其結果較容易進行量化的統計分析。

結構式訪談也有一些明顯的缺點。缺點之一就是結構式訪談會讓訪談對象感覺到被控制，訪談者難以和訪談對象建立起較為信任的關係；缺點之二是結構式訪談的問題編排和呈現順序會抑制訪談對象的思維和發揮，訪談對象的回答就會比較少，導致最後得到的訊息都比較少，從而漏掉一些更為重要的和有價值的主題；缺點之三是結構式訪談無法做到絕對的標準化。由於訪談是人與人之間的一種互動，對話雙方都會相互影響，訪談者的很多行為不可能事先被一一規定並加以標準化，而這些行為極有可能會導致訪談的走向發生變更，也可能導致訪談對象不配合或者抵制。訪談者提問時的語氣、語調、語速、節奏、停頓、表情等不可能在每一次訪談中都保持絕對的一致，而這些都會被訪談對象進行解讀並判斷訪談者對自己陳述的反應是積極的還是消極的。比如有的訪談者在對幼兒家長進行訪談的時候，對家長的陳述「我從來不讓自己的孩子看電視和接觸智慧手機、平板電腦」表示出驚訝，並追問「真的呀？」，這樣的反應可能讓訪談對象認為自己的陳述偏離了訪談者的期望，稍後他可能會修正自己的觀點和想法來迎合訪談者。

半結構式訪談介於無結構式訪談和結構式訪談之間。在訪談之前訪談者也會圍繞想瞭解的問題來準備一系列的問題，但是這些問題是否全部都問訪談對象，以及如何問，是否增加新的問題和刪除原來計劃的問題等都取決於訪談者和訪談對象的互動狀況和表現。

下面是一個訪談有工作的母親與孩子共處情況的半結構式訪談提綱。

您有多少時間與孩子一起度過？

對您和孩子在一起的時間的多少，您有什麼感受？

在您出去工作之前，您如何度過與孩子在一起的時間？

下班回家以後你們如何一起共度時間？

你們是如何一起度過週末的？

對於您和孩子來說，什麼時候似乎是最匆忙和最緊張的？

當您下班回到家裡時，您對照顧孩子的感覺如何？

您下了班去接孩子的時候，通常會做些什麼？

下班回家以後，您是否有獨處的時間？

如果孩子晚上哭鬧，您會如何處理？

下班回到家，您是如何讓孩子放鬆休息的？

下班回到家，您是如何讓自己休息放鬆的？

這個提綱只是訪談者事先的一些設想和框架，具體先從哪個問題入手，如何追問，是否會發現更有價值的訊息等事先都不能確定，都需要看訪談現場雙方互動的情況。如果訪談對像是在下班後接孩子時接受訪談，訪談就極有可能會從接孩子和下班後的話題開始切入。這樣的訪談就不會顯得過於嚴肅和僵化，能讓訪談對象感到自然和輕鬆，容易提供更加真實的訊息。

第五章 獲取幼兒發展評估資料的方式

總體來看，無結構式訪談、半結構式訪談以及結構式訪談都是有價值的，都有其適用的範圍。評估者需要根據自己的目的、任務以及自身的訪談技術水平來選擇適合的方式收集幼兒發展評估的資料。

2. 根據訪談雙方的時空距離來劃分

按照雙方所處的時空距離可以將訪談劃分為直接訪談和間接訪談兩種。

直接訪談就是訪談者和訪談對象共處於同樣的時空，直接進行互動對話，雙方都可以看到對方的服飾、表情、肢體動作，雙方也會隨時從這些方面來判斷對方的意圖並做出適當的調整。從訪談者的角度來看，直接訪談可以讓訪談者現場判斷出訪談對像是否真正理解了訪談的問題，訪談者是否有顧慮等，也可以就自己感興趣的話題進行深入探尋和交流等。

間接訪談是指訪談者和訪談對像在空間上分離的訪談形式。它在實踐中的表現形式就是雙方不直接面對面，而是在約定好的時間內透過現代通信技術來進行非接觸式對話。訪談者一般會透過室內電話、網路聊天工具(諸如 FB 的 Messenger 和 LINE 等)來實施訪談。室內電話訪談的好處是雙方只能聽到聲音，無法看到對方的表情、體態動作，無關的刺激比較少，訪談對象會比較放鬆；缺點在於訪談者無法判斷對方的表達是不是其真實的意思，也不好判斷對方的真實感受，收集到的有效訊息可能會比較少。

就直接訪談和間接訪談的關係而言，直接訪談是評估者的第一選擇，間接訪談只是一種補充而已。只有當訪談對象身上攜帶著非常多的高價值訊息且因特殊原因無法到現場接受訪談，評估者才可以採用間接訪談來加以彌補。有時候直接訪談結束後，有些經驗不足的訪談者可能發現自己漏掉了一些重要的問題，或者訪談對象的一些背景訊息沒有核實，或者有的訪談者認為還有一些問題需要進一步深入探究，這時候最好採用間接訪談的方法來收集資料。

3. 根據一次訪談中對象數量來劃分

根據在一次訪談中訪談對象數量的多少可以將訪談劃分為個別訪談和團體訪談兩種。

個別訪談是指在特定的訪談時間內訪談者只與一名訪談對象進行訪談。這種訪談的優點是非常突出的，就是能保證訪談者與訪談對象進行深入交流，從而獲得大量豐富的資料，外界對訪談對象的干擾也會被降到最低。當然這種訪談的缺點也無法迴避，那就是訪談者會處於主動主導的位置，訪談對象會被限制在訪談者設定的框架之內，訪談對象會揣摩並沿著訪談者的引導展開對話，從而導致訪談所收集的資料的信度和效度降低。另外，個別訪談的時間成本和經濟成本都比較高，一般情況下訪談一位家長或者幼兒教師的直接時間成本都在 1 個小時左右，但這仍然不影響其成為評估者的首選。

　　團體訪談是指訪談者在一次訪談中同時對 2 個或 2 個以上的訪談對象進行訪談。團體訪談依然是一種受控制和引導的訪談，不是漫無邊際的談話。相較於個別訪談，其最大的特點就是增加了團體內部的互動和對話。團體訪談中有很多技術和方法，其中在質的教育研究和評估中運用最多的當屬焦點性訪談（又稱作團體深度訪談）。焦點團體通常由 7～10 個互相陌生的參與者，加上 1 個組織協調討論的訪談者組成。這些參與訪談的對象都是具備某些特徵的人員。在焦點性訪談中，訪談者需要使用各種技術方法來營造寬鬆自由的鼓勵性環境，以便讓參與者在自由發表自己的意見的同時感受不到壓力，而不是讓參與者做出某種決策或者形成某種共識。

　　在焦點性訪談中訪談者對訪談的控制相對弱化，更多的是扮演一個傾聽者的角色，心理氣氛相對寬鬆融洽，訪談對象除了自己發表意見之外還會與其他的訪談對象進行交流，甚至引發激烈的批判和辯論。這種訪談屬於一種定性的訪談方法，其優點是經濟性好，一次可以收集多個對象的數據資料。該訪談由於允許訪談對象相互交流、啟發，也比較容易引發新的想法和觀點，還會引導訪談對象審視自己的想法和依據，從而具有個別訪談不具備的價值。其缺點也客觀存在：這種方法對訪談者的要求比個別訪談的要求還要高，訪談者應該扮演的是傾聽者和協調者的角色，稍有不慎，可能訪談中的話語權和控制權就落在那些善於表達且表達慾望強烈的訪談對象手中，從而將焦點性訪談演變為某個人或者某個小群體的意見發佈會。

訪談者必須知道要何時打斷談話，如何讓他們回到主題上來以及如何確保每位訪談對象的話語權等。此外，由於有了訪談對象之間的互動，一些社會心理效應非常難以避免。例如，如果有的訪談對象屬於教育行業人員且具有較高的學歷，其他訪談對象會不自覺地將自己的意見與此人的意見靠攏。當訪談對象發現其他訪談對象的觀點和自己不一致時，可能會產生從眾心理等。另外，由於訪談對象數量較多，每個人的觀點可能也不同，而且訪談中的表述前後也不盡相同，這給數據收集和處理帶來了很大的混亂和不確定性。總體來看，焦點性訪談不適合收集定量的幼兒發展評估數據。

從幼兒發展評估的角度來看，焦點性訪談雖然不適合收集定量的數據，但是對評估本身的完善卻有著獨特的價值。一是在評估方案的建構中使用焦點性訪談。如果評估者認為自己對特定幼兒發展評估主題的相關問題認識不透徹，可以考慮在建構評估方案之前組織相關的專業人員和評估的利益相關者進行焦點性訪談。在傾聽參與者聲音、觀點的過程中建構相對被大家接受的方案。另外在評估的最後階段可以根據評估的數據和結論來徵求意見。評估者可以將評估的主要數據和結論告知參與者，徵詢他們的意見，以提升評估結果的社會認可度和實踐價值。

上述對訪談類型的劃分只是為了幫助評估者更好地認識訪談的多種屬性，諸如訪談的結構化程度、所處的時空以及訪談涉及對象的數量等等。一次具體的訪談可能同時兼具多種屬性，既有可能是結構式訪談，也可能是個別訪談，當然還可能是直接訪談。

(三) 訪談幼兒時需要注意的方面

一般來說，幼兒也可以成為訪談的對象來為幼兒發展評估提供一定的訊息。但是受制於心智的成熟程度和語言表達能力、文化背景等因素的制約，訪談幼兒的時候需要特別注意，一方面要保護幼兒不能受到某種傷害，另一方面還要儘可能確保獲得有價值的訊息資料。缺乏訪談技巧的訪談者會讓幼兒無所適從，也會讓自己很受挫，當然也無法獲得高價值的訊息。具備訪談技巧的訪談者則可以讓幼兒努力回憶自己經歷過的事件並展開想像，為評估者提供豐富的評估資料。

1. 訪談之前的熱身

對幼兒進行正式的訪談之前，比較適宜的做法是與幼兒建立信任關係，讓幼兒感覺不到壓力和危險，從而願意回答訪談者的一些問題。訪談者需要面帶微笑，與幼兒並排著坐在一起，首先可以詢問幼兒的姓名、班級等，也可以問問幼兒的乳名，之後可以與幼兒一起玩事先準備好的遊戲（一般而言，手指遊戲最為簡單，不需要什麼道具和太多的訓練）。遊戲結束後訪談者可以這樣說：「××小朋友表現真不錯，剛才玩得真開心。現在我有一些有趣的問題要問問你，看你知不知道答案，好嗎？讓我們開始吧！」

如果沒有熱身環節的鋪墊而直接進入訪談，面對陌生的訪談者幼兒會感到緊張甚至恐懼，會從心理上抵制和排斥訪談者及其所提出的問題。

2. 訪談中的提問技術

對於幼兒來說，由於言語理解和表達能力發展方面的限制，以及社會生活經驗的缺乏，決定了訪談者在提問的時候必須要切合幼兒的語言發展特點，不能將用在成人身上的語言用在幼兒身上。

就提問本身的技術而言，訪談者不能語速太快，否則幼兒不能抓住重點來進行理解，同時還會給幼兒帶來心理壓力；此外訪談者提出一個問題後要給幼兒充足的時間思考和組織語言，一般來說至少要等待3秒以上，等待之後如果幼兒沒有做出反應，訪談者就需要再次重複問題或者將問題分解為更為具體簡單的問題來問幼兒，不能在提問後看到幼兒沒有回答就匆忙進入下一個問題，這有可能錯過幼兒的回答和錯誤評估幼兒的表現。

經常對幼兒進行訪談的評估者或者研究者都知道，訪談中必須對幼兒進行積極的表揚和鼓勵，以保證訪談能順利進行下去。但是這裡的表揚不能有明顯的傾向性和誘導性，即不能在幼兒回答出訪談者想要的答案的時候就馬上給予表揚，諸如「你說得真好」等，這樣做會讓幼兒去猜測訪談者想要什麼樣的答案。訪談中對幼兒的有效表揚應該是不評論其具體的回答，而是較為籠統地對幼兒的態度、能力等做出讚賞，諸如「你說的這些讓我很高興」「××小朋友真的很能幹」我「相信你能很好地回答下面的問題」「感謝你

告訴我這麼多」等等，這些表揚都能激發幼兒的動力，讓幼兒以更加積極的態度投入訪談。

就提問技術方面還有一點非常值得注意，有些經驗不足的訪談者在對幼兒進行提問後，面對幼兒的一些讓大人可能覺得好笑的回答，無法很好地控制自己的表情和情緒，發出笑聲或者努力忍住讓自己不笑出來，結果後續的訪談就很難順利進行，因為幼兒覺察到了訪談者的情緒和表情，意識到自己的「幼稚」，就不願意配合訪談了。

就提問所用的語言來說，幼兒很難理解一些抽象的概念和術語，很難理解長句。幼兒會用自己有限的經驗去理解提問，很多時候會讓訪談者誤以為孩子能夠理解提問。為此在訪談中，訪談者首先不能使用幼兒不熟悉和無法理解的術語概念。訪談者在制訂好訪談工具之後可以拿給一些幼兒教師徵求意見，讓其幫忙看看幼兒是否能夠準確理解其中的用詞，當然最好的辦法還是找一些幼兒來實地測試一下。

其次，用圖片和實物可以很好地輔助幼兒理解訪談者的問題。幼兒雖然不能理解抽象複雜的句子，但是可以理解有圖片和實物輔助的簡單提問。筆者曾經在一次幼兒發展評估中設計了評估幼兒打噴嚏時正確做法的題目，配了 4 張幼兒打噴嚏時不同做法的圖片，讓幼兒先看圖片，然後要求他們指出這 4 張圖片中哪個小朋友的做法是正確的，即使幼兒不知道正確的答案，也能夠理解訪談者的意圖並做出正確的反應。

下面是一個對幼兒的地圖技能進行訪談的提綱（表 5-8），其中就借助實物地圖來幫助幼兒理解和做出反應。

表 5-8 幼兒地圖技能評估 ①

姓名:　　　　　　　　日期:

(給孩子出示一張小地圖，外加紙張、麥克筆或者蠟筆)
給孩子出示地圖並提問:
「這是什麼?」
「我們用它來幹什麼?」
「這份地圖為何這麼小?」
指著地圖上的各種符號並提問:
「這些線條(街道、高速公路)等表示什麼?」
「這種藍色(河流、湖泊、大海)表示什麼?」
「這個圓屋頂(學校)表示什麼?」
　分析孩子的反應，判斷其:
準確性
完整性
詳盡程度
給孩子一張紙和一支麥克筆，讓孩子畫一張從自己的家到學校的地圖。
孩子所畫的地圖表現出:

	是	否
理解比例尺	☐	☐
透視關係	☐	☐
使用符號	☐	☐
方位的知識	☐	☐

　　最後，為了獲取更為具體和有價值的訊息，訪談者不能滿足於幼兒的抽象回答或者簡短的答案，需要適當追問。追問的時候用得最多的策略是讓幼兒舉例子或者講自己是怎麼做某件事情的，然後可以圍繞這個例子來問幼兒其他同伴是怎麼做的或者其他成人是怎麼做的等。

3. 訪談時間的控制

　　幼兒的注意力品質尚處於發展過程中，不可能將心力長時間地維持在某件事情和活動上。為此訪談者必須將訪談的時間控制在合理的範圍之內。總體來看，訪談幼兒的時間(包括熱身活動和道別)必須控制在 15～20 分鐘，

第五章 獲取幼兒發展評估資料的方式

時間超過 20 分鐘，幼兒就開始分心和轉移注意力，胡亂回答訪談者的提問，導致收集的數據質量大大降低。

實踐中訪談者在訪談工具制訂出來之後，首先要找部分幼兒作為試驗性訪談的對象，來檢驗工具的信度和效度，這其中也可以檢測完成訪談所需要的時間。對於幼兒這個群體來講，適宜的訪談時間為 15～20 分鐘。

如果訪談者的問題比較多，需要的時間大大超過 20 分鐘，訪談者就不能按照自己的訪談設計來讓幼兒不間斷地逐一回答自己的問題，可以採取另外的變通的方式來獲得較高質量的數據。訪談者可以將訪談切成不同的時間段，在某一段訪談結束後，就讓幼兒玩玩遊戲放鬆一下，時間為 5 分鐘左右，遊戲結束後再進入下一段訪談。只有這樣才符合幼兒注意力的特點，才有可能保證訪談資料的質量。

時間方面，訪談者還需要注意的一個問題就是訪談者在訪談的過程中不能為了控制時間而推進得太快，不能扮演「匆忙的訪談者」──提問語速比較快，提問結束如果幼兒沒有馬上反應就迅速轉入下一個問題。專業的訪談者必須給幼兒留出足夠的時間來思考和組織語言表達，這個時間的長度一般為幾秒鐘。當幼兒沒有反應的時候，訪談者最好的做法是等待，等待十幾秒之後可以採取進一步的行動，諸如語言鼓勵、重複問題、提供線索等，這之後如果幼兒表示自己不知道或者依然無反應，訪談者才可以進入下一個問題的提問。

(四) 訪談技術檢核

訪談是一個技術性很強的工作，是由一系列的具體技能構成，也是幼兒發展評估者必須掌握的一種技術。為了檢查自己在訪談技術方面的狀況和改進自己的訪談技術，可以借助下面的檢核表 (表 5-9) 讓第三方多次觀察你所從事的訪談並給出評分來評估你的訪談技術並針對弱項加以改進。

表5-9 訪談技術檢核表

訪談者姓名:	訪談日期:
訪談對象的姓名:	評估者姓名:

評價等級

優秀的技術表現　1　　良好的技術表現　2
恰當的技術表現　3　　不良的技術表現　4
很差的技術表現　5　　不適宜的技術表現　NA

技術	評估等級
1.從開場白到下一個主題的轉換流暢	
2.創造了積極的訪談氛圍	
3.尊重訪談對象	
4.對訪談對象全神貫注	
5.創設了避免分心的環境	
6.發音準確	
7.用明確、清晰且溫暖的聲音說話	
8.說話抑揚頓挫、能夠反映情感差別	
9.以中等速度講話	
10.措辭得當	
11.確切表達一般問題	
12.確切表述開放式的問題	
13.使用非誘導性的問題	
14.較少使用選擇題	
15.即使有，也很少使用多選題	
16.使用結構式陳述	
17.鼓勵回答	
18.有效使用探查技術	
19.允許訪談物件以他們自己的方式表達情緒和想法	
20.確切表述接下來的問題以追尋事件真相	
21.注意到訪談對象的非言語行為	
22.表達了想要理解訪談物件的願望	
23.向訪談對象表明訪談在於獲得相關事實而不是證實已有的假設	
24.複述問題	
25.運用反省技術	

第五章 獲取幼兒發展評估資料的方式

續表

技術	評估等級
26.使用反饋技術	
27.恰當地應對不愛說話的訪談對象	
28.恰當地應對訪談對象的抗拒和焦慮	
29.對訪談對話的情緒狀態表現得敏感	
30.澄清訪談對象的陳述中令人迷惑的地方	
31.當訪談對象表達想法有困難的時候予以引導	
32.恰當地應對漫無目的的表述	
33.恰當地應對困難行為	
34.恰當地使用道具,如粉筆、黏土和玩具	
35.恰當地安排每個問題的時間	
36.恰當地應對沉默	
37.在訪談中隨時進行小結	
38.詢問所有的相關問題,不迴避那些具有潛在壓力的問題	
39.向訪談對象提供恰當的支援,減少談論有壓力話題的影響	
40.進行清楚的轉換	
41.訪談有條不紊	
42.只在必要的時候自我表露	
43.對訪談對象的文化身份表現出適當的敏感	
44.與訪談對象保持有目光接觸	
45.保持與方案內容有關的面部表情對應	
46.使用非言語行為促進訪談	
47.在言語和非言語行為之間表現出一致性	
48.以非審判的態度對待訪談(不要道德化和提供不成熟的建議、勸說、批評或者下結論)	
49.阻止分心	
50.避免過度反應	
51.避免爭論	
52.恰當地處理訪談物件的疑問和關注的問題	
53.在訪談收尾階段允許訪談物件表達保留的想法和問題	
54.安排評價後訪談	
55.需要時在評價收尾階段進行總結性陳述	
56.使用結束語	

三、心理測量

自然科學中的測量通常的含義是指依據一定的法則使用測量工具對事物的特徵進行定量描述的過程。任何測量必須具備 2 個基本要素，即測量的參照點和測量的單位。

(一) 心理測量

心理測量是指依據一定的心理學理論，使用一定的操作程序，給人的能力、人格及心理健康等心理特性和行為確定出一種數量化的價值。

心理測量在幼兒發展評估方面有著巨大的功用。首先，心理測量可以對個體幼兒的智力、能力傾向、創造性、人格特質、認知能力、心理健康狀況等方面進行定量的、客觀的描述，展示其已經取得的發展成就，闡明個體幼兒在特定方面的行為傾向和特徵。同時心理測量還可以對同一個幼兒在不同方面發展的差異進行橫向比較，從而確定其發展的相對優勢和弱勢。另外，心理測量可以確定與描述不同幼兒個體間的差異，並能預測不同個體在未來某種活動中有可能展示出來的差別，或推測未來某個時間個體在特定發展領域獲得成功的可能性。

如果按照測驗分數的解釋標準來分，心理測量又可以被劃分為常模參照測驗、標準參照測驗和內容參照測驗 3 種。教育領域用到的測驗絕大多數都是屬於標準參照測驗。

心理測量的方法主要有紙筆測驗、量表、投射測驗以及儀器測量等。就幼兒發展評估來說，紙筆測驗是不適合幼兒的，用得比較多的還是量表和投射測驗。無論是量表還是投射測驗，都有著嚴格的操作程序和要求，都需要受過專門訓練的專業人士來進行施測，並不適合普通的幼兒教師來使用，以免誤用測驗對幼兒發展產生負面的影響。

經過標準化後的量表，具備測量的參照點和測量的單位。按照測量精度高低，斯蒂文斯將量表分為 4 個水平，由低到高分別為：命名量表、順序量表、等距量表和等比量表。在教育和心理測量領域大量使用的都是命名量表和順序量表，不可能使用等距量表和等比量表。命名量表是指用數字來代表事物

第五章 獲取幼兒發展評估資料的方式

或對事物進行分類。命名量表中的數字沒有任何數值意義,不能做量化分析,無大小意義,只表明類別,無參照點和單位,無法比較大小或進行任何數學方法運算。順序量表能表明類別的大小或某種屬性的多少,主要用於分等論級和分類。數字僅表示等級,並不表示某種屬性的真正量或絕對值,無參照點(沒有絕對零度)和單位,無法進行數學方法運算。目前專門針對幼兒開發的量表還是比較多的,涵蓋的發展領域也比較廣泛。

(二)投射測驗

投射測驗的方式在幼兒發展評估中用得最多的是繪人測驗(也叫畫人測驗),稍加訓練後幼兒園教師也可以對幼兒進行繪人測驗。1926年,美國心理學家古德伊納夫首次證明兒童的繪畫作品中隱含著他們的智力成分,並首次將其用到心理測量中,還建立了用繪畫進行智力測驗的常模。之後由於繪人測驗適合不識字的兒童,開始在美國、日本等國流行開來,也吸引了諸多的研究者。1963年,哈里斯對繪人測驗進行了更為精細的修訂。20世紀30年代我國引入了繪人測驗,由肖孝嶸於1934年對其進行了修訂以適應中國的兒童。之後也有很多心理測量方面的專家對其進行了持續不斷的修訂。

繪人測驗的基本假設是兒童的繪畫能反映兒童的智力發展,這種具象的表達也能反映兒童對外界事物的知覺程度,兒童選擇畫出來的人就是他們心中最為關注、重視的人。正如羅恩菲爾德曾經指出的那樣:兒童的畫人,表現的不僅是外在的形象,其實也反映兒童的渴望、感覺、信念或者對外界的想像。舉例來說,幼兒繪畫作品中的人的形象,從具體層面來看是反映了幼兒對現實中人體的大小、形狀、比例等的認識;從抽象的層面來看,則是反映了幼兒對人的態度、人與人之間關係的看法等。至此,大約可以清楚繪人測驗運用投射技術,主要是想測驗或者能測驗幼兒在智力、社會性、情緒情感等方面的發展狀況。

古德伊納夫曾經分析繪人測驗中量化的智力分數與兒童在韋氏智力量表中得分的相關程度,發現二者具有一定程度的關聯,可以將繪人測驗用來評估兒童的智力。也有學者建議將繪人測驗用來區分兒童是否智慧不足可能比直接測量智商分數更加有價值和意義。有學者指出兒童在繪人測驗中的表現

第二節 收集幼兒發展評估資料的方法

與兒童的年齡和社會成熟度高度相關,而與兒童是否在教育機構中接受教育以及是否有美術天分等幾乎無關,這就是說兒童畫的人可以反映其社會成熟度。而這一點,恰好是傳統的智力測驗很難做到的。

繪人測驗對被試是有要求的,不是所有的兒童都適合此類測驗。總的來說,參加繪人測驗的兒童必須具備良好的視覺、運動知覺和精細動作,對兒童在美術方面的能力要求幾乎沒什麼門檻。

繪人測驗的任務就是主試要求被試用鉛筆和白紙畫出一個「完整」的人來。這種任務情境不同於幼兒在幼兒園、家裡獨自繪畫或者與同伴等一起作畫的情境,屬於在有控制的、非自然的情境中畫人。

就施測方式來看,繪人測驗可以是團體施測也可以是個體施測。為了保證測驗的信度和效度,很多學者都建議採取個體施測的方式。其施測的標準化程序如下:首先請被試清理乾淨桌上的雜物,接著主試發給被試一張印有施測同意章的 A4 白紙、一支 HB 鉛筆和一個橡皮擦(擦淨效果好的)。

接著被試填寫基本資料,姓名、性別以及年級為必填項目,因為性別和年級會影響繪人測驗解釋的標準。當獲得被試學童施測同意之勾選後,請照著下列指導語說:「這裡有一張白紙,你可以橫著畫,也可以豎著畫,現在請你在這張紙上畫一個男生和一個女生,可以先畫男生也可以先畫女生,儘量從頭畫到腳,畫好一點,沒有時間限制。」

若為團體施測則請加注施測時間及施測過程中任何相關的行為記錄,例如被試的焦慮、猶豫、衝動、防衛、抗拒的程度或異常行為等。

就施測的時間而言,繪人測驗沒有時間上的限制。根據施測的經驗,70% 以上的兒童都能在 10 分鐘內完成任務,也有小部分兒童會在一兩分鐘內畫完,個別追求完美或者有特殊需要的兒童則有可能需要花費 30 分鐘以上才能完成。在施測過程中,主試除了按照要求遵循標準的指導外,在兒童完成繪人的前提下要儘可能尊重兒童並給予其自由,允許兒童畫別的事物。

施測結束後,就需要參照相關的解釋框架和常模來對兒童畫的人進行解釋分析。目前的趨勢是運用質的方式來分析和解釋,量化的方式相對弱化。

第五章 獲取幼兒發展評估資料的方式

這些解釋性的框架和常模都是從兒童畫的人中抽取出來的,並不能涵蓋兒童畫的人的所有情況和可能,為此解釋兒童畫的人的人,還需要綜合各方面的訊息和自己的經驗來進行客觀的解釋和分析。

繪人測驗的解釋框架主要由整體性的解釋框架和細節性的解釋框架構成。其中整體性的解釋框架由 5 個方面的指標構成,即圖形大小、精細程度、筆觸輕重、線條品質和整體比例。每個指標的不同水平對應的具體解釋如表 5-10 所示。

表5-10 繪人測驗整體解釋之五大項目

項目	解釋
圖形大小	大:自尊、表現、有主見、成就需求 小:自卑、退縮、消極、人際疏離
精細程度	高:重視細節、社會成熟度高、具有藝術創意、現實感 低:不拘小節、不在乎別人的評價、缺乏現實感
筆觸輕重	重:壓抑、焦慮、強迫、固執、堅持 輕:不穩定、易改變、適應不良、缺乏自信、缺乏主見
線條品質	佳:自我要求、約束、細心、責任、紀律、嚴謹 差:自由、衝動、自我防禦、隨性、適應不良
整體比例	佳:自我功能佳、邏輯思考佳、現實感佳 差:自我功能差、適應差、現實感差、腦傷

細節方面的解釋框架主要是身體細節方面的評估指標,主要包括頭部、身體與姿勢、裝飾等 3 個大的方面,具體標準見表 5-11。

表5-11 繪人測驗整體解釋之身體細節項目

部位	意義	細節
頭部	人際關係、社交技巧、親和力、社會互動、同理心	眼睛：同理心、善解人意 嘴巴(牙齒)：口語能力(口語攻擊)
身體與姿勢	自我功能、情緒狀態、現實感、適應狀態、自我與外界互動的模式和關係、自我與他人的態度	劇情、場景：情緒、挑戰傳統 背面：逃避問題 側面：自我主見強 手舞足蹈：情緒問題
裝飾	自我形象、物質的需求以及渴望、價值觀、個人風格	修飾：重視形象和自我展示 特色：對物質的欲望、價值觀、個人風格

雖然有解釋性的框架，但是對測量的人來說最主要的困難就是確定幼兒所畫的人在整體的指標和細節方面的指標上分別可以歸結到哪個類別或者水平。也有研究者結合自己的經驗給出了不同年齡段、不同性別幼兒所畫的有代表性的人以及對應的解釋，這樣主試就可以對照這些「常模」來分析確定特定幼兒所畫的人。

作為心理測量，具備良好的信度和效度是必需的。就信度而言，很多研究者和施測人員都發現兒童在繪人測驗中的表現會隨著兒童的人格特質與自身的情緒發生變化，這會嚴重影響測驗的信度，一個可能的提升信度的方法就是在一個較長的時間段內多次施測，尋找兒童情緒穩定的狀態下所畫的人作為分析解釋對象。就效度而言，目前也缺乏詳盡的數據，一般認為繪人測驗能夠比較好地測量和預測幼兒的人格特質、社會成熟度、情緒狀態，尤其在識別異常情緒狀態和行為方面的表現常被人稱道。

繪人測驗看上去不像傳統智力測驗那樣標準化和數量化，如果在測驗中能對幼兒進行深度的訪談，瞭解幼兒的真實想法，諸如「你畫的是誰」你「能否說說你為何決定畫這樣的人嗎」「畫畫的時候你都想到了什麼」等，將會

更有助於評估者瞭解幼兒、分析解釋預測幼兒的人格、社會成熟度、情緒等，將測驗改變為一種服務於教學和兒童發展的診斷性工具。

衡量一個測驗質量高低的標準主要有 4 個方面：信度、效度、難度和區分度。信度是指測量結果的穩定程度，即一個測驗工具多次測量同一個事物所得結果的一致性程度。效度指的是測量工具能夠測到它想要測量的心理行為或者特徵的程度。測量的效度是一個相對的概念，它與信度之間是有關聯的，一般而言信度是效度的必要而非充分條件，信度高的測驗其效度未必高。測驗中的難度一般用施測對象的透過率來表示，測驗的難度控制在何種水平，這取決於測驗的目的。區分度指的是測驗的題目區分鑒別被試在某種心理特質上的水平的程度，區分度好的測驗題目能夠區分出不同水平的被試。

適用於幼兒的心理測量工具主要有兒童行為量表 (CBCL)、路特 (RUTTER) 兒童行為問卷、父母養育方式評估量表、親子關係與父母角色測量量表、親子關係診斷測驗、托馬斯嬰兒氣質問卷、兒童韋氏智力測驗、問題行為早期發現測驗、幼兒智力測驗量表、康納爾父母量表 (CONNERS) 等等。

四、作品與檔案

如果評估者將這些作品收集起來，按照評估的目的精心選擇並系統排列起來就構成了關於作品的檔案。從 20 世紀 90 年代以來，檔案已經成為幼兒發展評估的重要方法，在幼兒教育實踐中日益得到廣泛的運用。

(一) 檔案的定義

檔案是由精選的若干幼兒的作品構成的，單個的作品是無法構成檔案的，同時檔案也不是要將幼兒在學習過程中產生的所有作品都囊括進來。那些沒有經過選擇的作品的集合只能稱之為作品資料夾，不能稱之為檔案。檔案作為一種幼兒發展評估的手段，進入檔案的作品必須具備如下的特徵。

1. 作品必須與幼兒發展評估的主題和目的緊密相關

例如評估的主題是幼兒創造性思維的發展,進入檔案的作品至少在某個方面要能反映出幼兒在創造性思維方面的行為表現,與之無關的作品可能有別的價值和意義,但是無法很好地服務有特定目的的評估。

2. 作品必須是有代表性的

作品除了與評估的主題有關之外,還必須能反映幼兒在特定發展主題和特定時間點上的典型行為表現,即作品是能夠反映和代表幼兒當時的發展程度和水平的範例,也就是說作品的代表性是針對某種幼兒發展的水平或者階段而言的,能夠集中展示這個階段發展水平的作品就會被認為是具有代表性的作品。對於檔案而言,作品的數量不是最重要的追求,作品的代表性和質量才是最重要的。如何識別和確定幼兒的某個作品才是有代表性的作品,對評估者來說是一個不小的難題。為瞭解決這一難題,評估者除了加強學習幼兒學習與發展的理論知識之外,還需要廣泛收集幼兒的作品,從中加以審慎選擇,這樣才有可能避免錯過有代表性的作品。

下面以幼兒所講故事為例來說明代表性作品的識別與收集。幼兒在幼兒園和家庭中都會講大量的故事,這些故事有可能是幼兒自己原創的,也有可能是複述加工自己聽來的故事。無論如何,只要教師或者家長能將幼兒所講的故事記錄下來,這就構成了一系列幼兒學習與發展的作品——故事。如果我們建立檔案,試圖透過故事載體來評估幼兒的認知能力,首先就需要從認知的角度來明確幼兒所講故事的發展水平的分類,然後針對不同的水平分類的要點來選擇、確定相應的代表性作品,不是家長和教師收集的所有故事都能進入檔案用來評估幼兒的發展。下面根據相關文獻和實踐經驗,給出幼兒所講故事的認知結構水平分層以及對應的有代表性的作品。(見表 5-12)

第五章 獲取幼兒發展評估資料的方式

表5-12 幼兒所講故事的代表性作品

水準	代表性作品
1. 缺乏核心的結構。幼兒的故事只是一些名詞和動詞的並排；故事可能包括一連串的事件但是這些事件並沒有被組織起來	星期天早上很早我就起來了，我們一家要去釣魚，刷牙洗漱後爸爸開車我們就出發了。我們釣了一整天的魚，一共釣到了很多條魚。我們把釣的魚交給農家樂給我們做成魚湯等好吃的，吃了魚我們就開車回家了。回到家都快晚上十點了，好累啊
2. 故事很短，有一個從不平衡到平衡的故事結構，但是故事缺少細節	有一個人開著太空船進入太空，被一隻巨大的怪物攻擊。他嚇得趕緊跑回自己的太空船飛走了
3. 用一些情節來豐富故事本來的從不平衡到平衡的結構	從前一個小女孩在森林迷路了，嚇得直哭泣。貓頭鷹看到了問她是不是迷路了？她說是。貓頭鷹說可以幫助她。然後飛到天上找到了路，讓小女孩跟著他。貓頭鷹帶著小女孩找到了回家的路。回家後小女孩很高興，就親了貓頭鷹一下，並表示以後一個人再也不去森林玩耍了
4. 故事中有兩個從不平衡到平衡的結構，但是故事缺乏細節，且這兩個結構屬於線性的關係	有一隻獅子很善良，可是有一天被壞人抓住了，後來他想辦法逃出了籠子，在逃跑的路上，一輛卡車想要撞他，他趕緊躲到路邊的草叢裡。過了一會兒他感到饑餓，就吃掉了一隻小白兔
5. 故事中有兩個從不平衡到平衡的結構，故事也有比較豐富的細節，且這兩個結構屬於線性的關係	有一隻獅子很善良，經常幫助別人，森林裡的動物都覺得他是個好人，可是有一天獅子被壞人抓住了，他一開始怎麼都沒法逃脫壞人設下的籠子，他大聲呼救。後來他想辦法用牙齒咬破了籠子逃了出來，在逃跑的路上，一輛卡車突然向他開過來想要撞他，他趕緊一躍，躲到路邊的草叢裡，卡車就從離他身邊超級近的地方開了過去，過了一會他感到肚子有點饑餓了，就四處尋找吃的。最後，獅子發現草叢中的一隻小白兔就撲上去抓住了他吃掉了
6. 在主要的不平衡到平衡的結構中，故事主題會被打斷，然後故事又回到原來的結構	泥巴先生獨自住在鄉下，他有一個農場，一天農場的一頭小牛跑上山，他就去追。在追的路上他發現一頭熊跟在他後面，他趕緊爬上樹，把自己的斧頭丟在熊的頭上，熊被砍中腦袋，結果流血死了。不久，小牛也來到樹下，他就帶著小牛一起回家
7. 在主要的不平衡到平衡的結構中嵌入更多的不平衡到平衡的結構，故事總體結構比較複雜	從前有一隻小魚，被漁夫困在漁網裡。漁網裡邊還有很多其他的魚，諸如毒刺魚、鯊魚。小魚發現有一隻毒刺魚在追自己，但是毒刺魚後面還有一隻鯊魚，鯊魚和毒刺魚展開了大戰，小魚自己趕緊游走。漁夫的船一直在划呀划，但是在一個暴風雨的夜晚，船碰上了一塊大石頭，漁網被石頭弄破了個大洞，小魚乘機逃了出來回家去了

(二) 檔案的來源

檔案中的作品都是關於幼兒學習的作品，這些作品可能是反映某方面學習過程的，也可能是反映某方面發展結果的。這些作品可以是教師觀察發現和記錄的，也可以是家長觀察發現和記錄的，當然也可能是幼兒自己主動提供的。從實踐的情況來看，家長提供的幼兒作品和幼兒自己提供的作品通常不會受到重視，這其實非常不利於提高檔案中作品的代表性和質量。

這些作品可以相互驗證，都有可能進入檔案而作為評估幼兒發展的事實依據。下面舉例說明家長觀察收集到的孩子的作品也可以用來作為檔案的組成部分。

有家長曾經記錄了自己5歲3個月的女兒在聽了家長講述的幾個關於王子和公主的故事(諸如《白雪公主》《豌豆公主》)後，自己開始學著講述這些故事。有一次講完《白雪公主》之後，這位幼兒語氣堅決地說：我「不允許世界上還有人比白雪公主還要漂亮，我要她是世界上最美麗的人，誰比她漂亮我就給她找個後媽，讓她的後媽毒死她！」

家長記錄的這個片段也可以說是孩子的作品，這個作品可以反映多個層面的幼兒發展：語言方面的發展、道德認知方面的發展以及學習過程中的自我建構等等。此外，家長的本意可能是讓幼兒聆聽名著，學習其中的真善美，沒想到幼兒學到了用王后(後媽)的方式來達到自己想要的結果，當然幼兒對其中的很多行為缺乏實質性的認識和理解。如果從幼兒經驗的課程的角度來說，這無疑是一個很好的作品，可以對照教育目標來分析二者之間的落差。

(三) 檔案建立的步驟

建立檔案主要包括確定檔案的目的，提供選擇和確定檔案的指南，定義教師、家長和幼兒在選擇作品中的角色，以及評估的標準等。

1. 確定檔案的目的

檔案不是一系列無序、無關作品的彙集，它可以有多種目的。檔案可以用來展示幼兒在某方面已經達到的成就與進展；可以用來展示幼兒在某個方面的學習歷程；也可以用來證明幼兒已經具備某種經驗或者能力；還可以用

來比較不同幼兒在同一方面的發展狀況等。不同目的指引下的檔案中所選擇的作品是有所不同的。如果目的是反映當前的成就或者證明已經具備的能力，檔案中的作品就必須選擇最具代表性的範例，只選擇和保留反映發展的最高水平的作品；如果目的是反映幼兒在某方面學習的過程，就需要選取不同的時間段裡幼兒的作品，選擇的作品主要是反映典型學習行為和特徵的作品。為此建立檔案的第一步就是明確檔案的目的，才能引領檔案的系統建構以及檔案建構的方向。

2. 建立選擇作品的指南

這一步的內容主要是為選擇和確定作品提供一系列的指引，涉及的內容主要是明確檔案的用途、檔案的用戶、作品的類型以及作品的標準。

檔案用途的陳述與檔案的目的有關，這裡不再贅述。檔案的接近者或者使用者可能是教師、園長、專業的研究者、家長甚至是幼兒，這都需要事先予以確定，接近者和使用者的不同對檔案的內容、呈現方式等都會有影響。比如如果使用的主體是幼兒，那檔案就不能太複雜，必須選擇大量的圖片形態的作品才能讓幼兒有效地使用檔案。

檔案中適合的作品類型。檔案中作品的類型多樣，可以是實物的，也可以是非實物的；可以是文字的，也可以是非文字的；可以是非數字化的，也可以是數字化形態的。究竟選擇哪種形態的作品最為合適，這要看檔案的目的和主要使用檔案的群體的特點，不能一概而論。

作品的標準也許是指南中最為重要的方面。檔案的建構者需要明確給出對作品的具體要求與選擇標準，以引導作品的選擇符合檔案的目的。標準大致有作品的時間、作品的情境、作品的主題、作品的長度、作品的數量，以及作品是幼兒獨立完成的，還是與同伴合作完成的，或者是在成人的幫助下完成的等。

3. 確定各方在作品收集中的角色

在收集作品和建構檔案的過程中，參與的群體可能有很多。諸如班級的兩位教師、保育員、幼兒家長、幼兒、幼兒園管理者甚至研究者都可能參與

進來，很少有作品或者檔案是一位教師獨立完成的，大多數情況下檔案都是多方合作的結果，為此在收集作品之前界定清楚各方的角色、職責和參與程度是非常必要的。

一般情況下，作品收集和檔案建構的主體或者主要責任人是班級教師，其他人員都扮演支持者和部分參與者的角色。例如，幼兒可以主動向教師提供自己的作品或者邀請教師、家長記錄自己的作品與學習過程，家長則負責在家庭中觀察記錄幼兒的遊戲與學習過程，收集幼兒學習的作品，同時還要向教師提供一些幼兒發展的家庭訊息等。研究者的角色大多是為教師選擇作品、建構檔案的框架以及分析解釋幼兒的作品提供建議和智力支持。當然，這些角色的劃分是相對的，從理論上來講，家長、幼兒和研究者都有可能主導整個作品收集與檔案建構的過程，這取決於當時的情境和評估的目的。

4. 建立評估檔案的標準

檔案彙集了諸多幼兒學習與發展的作品、過程訊息等，評估者需要結合評估的目的和評估的主題來思考和建立關於檔案的目的、容量、組織結構等方面的標準，以便引導檔案真正成為反映和評估幼兒發展的工具。

一般情況下，評估者可以參考如下的工具來思考和檢核自己所選擇的作品以及所建構的檔案的質量。(見表 5-13、表 5-14)

第五章 獲取幼兒發展評估資料的方式

表5-13 單個作品的品質標準

項目	非常不符合	不符合	符合	非常符合
1.作品來自真實的教育情境				
2.提供了作品的背景資訊				
3.作品是原始的、客觀的記錄				
4.幼兒參與了作品的選擇、收集與討論				
5.家長參與了作品的選擇、收集與討論				
6.作品與評價的主題緊密關聯				
7.該作品與幼兒之前或者之後的作品之間存在關聯且呈現出序列和梯度的關係				
8.作品最能反映的幼兒發展的方面是明確的				
9.作品是幼兒獨立完成的				
10.作品反映的是幼兒在特定領域的學習過程				

第二節 收集幼兒發展評估資料的方法

表5-14 檔案的標準

項目	非常不符合	不符合	符合	非常符合
1.檔案的評價目的非常明確				
2.檔案的評價主題明確具體				
3.檔案中的作品能反映幼兒學習發展的軌跡				
4.檔案中的作品都是精選的、與評價主題相關的				
5.檔案中作品的來源和類型多樣				
6.家長深度參與了作品的選擇和檔案的建構				
7.檔案中的作品經過不同主體的審查和討論				
8.評價者綜合各方的資訊來分析和解釋幼兒的作品				
9.評價者在檔案的建構中不斷反省自己行為的合理性				
10.檔案中沒有各種類型的偏見和歧視				

　　與任何收集評估資料的方法一樣，作品與檔案也存在諸多突出的優點以及一些難以克服的缺點，需要評估者分辨並在評估中有選擇地使用。就優點來看，首先，作品與檔案產生於真實的教育情境中，不需要使用專門的工具來收集和整理，這就比較適合家長和教師，特別容易讓評估與教師的教學緊密聯繫起來；其次，作品與檔案能夠比較真實地記錄和反映幼兒學習的過程與結果，能為評估者提供更為豐富的、情境性的幼兒發展訊息；再次，作品與檔案能幫助教師與家長進行更為有效的、直接的溝通，也能引發家長參與作品收集以及幼兒園課程教學的熱情。

　　就作品與檔案的缺點來看，首先是收集、篩選作品以及建構檔案要花費教師大量的時間和精力，尤其是在幼兒園班級數比較多的情況下，讓教師每天收集每一個幼兒的學習作品並為之建立檔案顯然不太現實；再者，由於檔案中的作品來源多樣、形態複雜，故評估者很難為之建立統一的評分標準和計分系統，這就讓評估者透過作品得出的評估結果經常受到質疑和批評，被

149

認為缺乏信度和效度。當然這一質疑對作品與檔案來說是一個兩難的問題，當作品與檔案向著數量化、標準化的方向邁進的時候，它有可能就已經不是作品與檔案了。

　　總之，評估者在任何情況下都不能認為收集作品和建立檔案是一件容易的事情。要想保證作品和檔案的效度、信度，評估者必須花費大量的時間來觀察幼兒的學習並從中收集諸多的作品素材和學習過程的資料，再按照一定的理論視角加以篩選組織，才有可能建構檔案，進而對幼兒的發展展開有效的評估。

本章回顧

　　幼兒發展評估收集評估資料要求：收集評估對象的背景訊息、選擇適宜的收集評估資料的方法、設計收集資料所需要的工具、取得家長的書面同意並進入現場收集資料、清理資料和數據、對資料和數據進行編碼。收集幼兒發展評估數據資料的方法包括觀察、訪談、心理測驗和檔案等。觀察法的主要步驟是確定觀察的目標行為、制訂觀察所需要的工具、確定觀察的對象並進入現場、實施觀察、數據的清理與編碼；常見的觀察記錄工具包括軼事記錄、時間取樣和評定量表等。訪談幼兒時需要注意：訪談之前的熱身、訪談中的提問技術、訪談時間的控制。心理測驗主要包括心理測量和投射測驗兩種。檔案中的作品必須與幼兒發展評估的主題和目的緊密相關，必須是有代表性的作品。檔案建立的步驟包括確定檔案的目的、建立選擇作品的指南、確定各方在作品收集中的角色、建立評估檔案的標準。

思考題

　　1. 簡述收集幼兒發展評估資料的過程。

　　2. 簡述清理收集到的評估資料和數據的要點。

　　3. 收集幼兒發展評估數據資料的主要方法。

　　4. 簡述觀察法的行為要素。

　　5. 簡述觀察法的步驟。

6. 簡述常見的觀察記錄的方法。

7. 簡述訪談法的注意事項。

8. 簡述幼兒檔案的製作步驟。

第六章 幼兒發展評估資料的分析與結果的解釋

第六章 幼兒發展評估資料的分析與結果的解釋

　　在幼兒發展評估的資料收集工作完成後，評估者需要將收集到的資料進行分析，並結合幼兒發展理論和實際經驗對分析結果進行解釋，從而為被評估對象的各利益相關方提供科學的研究建議，為改善實踐做出評估性結論。分析評估資料和解釋評估結果不完全是一個主觀的，或者完全依賴評估者自身素養的過程，也有一定的思路和章法可以遵循。本章將討論主要的資料分析方法和評估結果解釋的途徑。

案例

　　對於第五章開頭的那個案例，教師是這樣分析和解釋的：

　　我認為在這個情境中我看到了一個孩子在堅持地透過觀察形象去對比，找出一模一樣或者是更加貼近之前形象的形象的學習過程。關於潼潼的辨識名字的過程，我今天看到了幼兒不一樣的觀察方法和她的堅持不懈地探索問題的精神。她透過自己的努力去探索：「我」應該怎麼去解決爸爸提出的問題。在嘗試第一次找名字不成功的基礎之上，她並沒有輕易地放棄，而是自己安靜地在思考：「我」怎麼去解決。最後，她想出了透過觀察之前我給她指出的櫃子上的名字，可以用相似形象去比對，進而發現自己的名字。潼潼在這個過程中，有自己獨立的思考，當爸爸提出問題的時候，並沒有像第一次老師提出相同的問題做出一樣的反應（即回答：「我不認識自己的名字。」）。相反，她低著頭，似乎思考著什麼，在經過自己的獨立思考以後，她嘗試實踐自己想的辦法。或許她的辦法對於自身的年齡階段有難度，在第一次嘗試失敗以後，潼潼用她的第二次嘗試，讓我看到了她的堅持不懈的精神。

問題聚焦

　　這位教師是如何分析和解釋這個幼兒的行為的？這種分析解釋完整合理嗎？為什麼？

第六章 幼兒發展評估資料的分析與結果的解釋

學習目標

1. 了解幼兒發展評估數據資料分析的思路。
2. 掌握幼兒發展評估報告的基本格式。

第一節 評估資料的分析解釋

當評估者按照事先制訂的幼兒發展評估方案收集到足夠豐富的數據資料並加以清理之後,隨之而來的就是地位更加重要的評估資料的分析與解釋工作。如何深入分析挖掘評估資料數據,最能體現一個評估者的評估素養和幼兒發展知識。

評估資料和數據的分析,一般按照數據資料的特性可以將其分為量化的分析與質的分析。量化的分析主要指的是當數據資料主要為量化的數據,且能滿足量化統計分析的諸多假設的前提下,利用相關的統計軟體(諸如 SAS 和 SPSS 等)對數據資料進行描述統計和推斷統計,從而得出評估結果。當採用質的評估規範來收集評估數據資料時,則會採用質的一套思路和方法來進行分析。其分析主要是歸納的思維,採用從具體上升到抽象和從特殊擴展到一般的思維過程,評估者要在對評估資料進行分類整理歸納的基礎上從中提取和建構意義,具有非常強的主觀性和不確定性。近年來也出現了一些幫助質的研究者和評估者分析數據資料的軟體,比較有名的有 Nudist 和 Ethnography 等。

無論是量化的評估資料分析還是質的評估資料分析,兩者之間的確存在重大的差異,但是都屬於評估資料的分析,而不是一般意義上的研究資料或者數據的分析。從幼兒發展評估的角度來看,無論採用何種規範的評估和數據資料分析方式,都需要在分析之前再次確認數據的可靠性、真實性和多樣性,並為稍後的數據分析打下良好的基礎,更需要圍繞評估的目的來展開並且使之具有評估的屬性。

總體來看，評估資料的分析主要是尋找資料和數據之間的聯繫和意義，著力分析和確認幼兒在某個發展主題上的現實表現狀況。從時間的維度來看，主要的分析思路可以分為以下幾種。

一、對比不同時間節點的數據資料

幼兒的發展是一個動態的過程，這就要求評估者在不同的時間點上收集幼兒發展的數據，並對其進行比較才有可能得出價值判斷，回答幼兒在某個方面的發展是取得了量的變化還是質的變化。無論是量化的分析還是質的分析，都需要選擇不同的時間節點，或者重要的時間節點來加以比較，進而得出結果。

時間節點必須在 2 個以上才有比較的可能與價值。時間節點的選擇需要考慮眾多的因素，諸如要評估的幼兒發展內容的性質、評估工具的屬性以及評估者所面臨的客觀條件等。就幼兒教師而言，一般選擇 3 個時間節點比較合適，分別為學期初、學期中和學期末 3 個時間節點。

除了時間節點的選擇之外，保持比較內容的前後一致性也是評估者必須高度警惕的方面，即在不同時間節點上比較的都是同樣的內容。例如在學期初、學期中和學期末比較分析的都是某個 (些) 幼兒積木建構水準的發展，就量化的分析而言，如果數據的樣本容量符合統計分析的要求，當數據不是連續變量的時候，就可以對不同時間節點上的描述統計量，諸如百分比、算術平均數、標準差等進行簡單的前後比較，看其發展變化的情況；當數據的性質為連續性的變量就可以進行比較複雜的統計分析和比較，其中常用的主要是方差分析。方差分析 (Analysis of Variance，簡稱 ANOVA)，又稱「變異數分析」或「F 檢驗」，是費舍爾發明的，用於 2 個及 2 個以上樣本均數差別的顯著性檢驗。可以用來比較不同時間節點上某個群體的幼兒在某個方面是否存在顯著差異。如果統計結果顯示存在顯著性差異，則說明幼兒在該方面可能實現了質的變化，獲得了一定的發展。

下面舉一個社會領域幼兒發展評估的例子來說明如何透過比較不同的時間節點上幼兒的表現來描述和判斷幼兒的發展狀況。

幼兒發展評估

第六章 幼兒發展評估資料的分析與結果的解釋

　　一位評估者在春季學期初和學期末運用事先制訂好的檢核表 (表 6-1、表 6-2)，透過在教學現場一週的觀察，對一個 4 歲女性幼兒在做決定方面的表現進行了評估，分別得到了如下的資料和數據。

表6-1　學期初幼兒在做決定方面表現的數據

	經常	偶爾	從不
積極在各種可能性中做出選擇		✓	
能為選擇提供理由		✓	
恰當表達觀點	✓		
聽取別人的觀點	✓		
與其他人合作來制訂規則		✓	
在新的概念中使用恰當的詞彙		✓	
能聽從大多數人的意見			✓
展示出對選擇的批判性思考能力			✓
堅信自己的思考是正確的		✓	
理解人為何要勇敢地做出決定			✓
展示出對選擇和選舉的一些理解			✓

表6-2 學期末幼兒在做決定方面表現的數據

	經常	偶爾	從不
積極在各種可能性中做出選擇	✓		
能為選擇提供理由	✓		
恰當表達觀點	✓		
聽取別人的觀點	✓		
與其他人合作來制訂規則		✓	
在新的概念中使用恰當的詞彙		✓	
能聽從大多數人的意見		✓	
展示出對選擇的批判性思考能力		✓	
堅信自己的思考是正確的	✓		
理解人為何要勇敢地做出決定		✓	
展示出對選擇和選舉的一些理解		✓	

透過前後比較不難發現，該幼兒在一些項目中沒有發生變化，但是在很多項目中的表現都發生了很大的變化，尤其是幼兒在對選擇的批判性思考、理解人為何要勇敢地做出決定、理解選擇和選舉方面的行為表現從無到有，產生了質的變化。透過比較分析，評估者就可以得出一個較為可信的價值判斷：該幼兒在做出決定方面的發展已經取得了顯著的進步。當然對於幼兒取得進步的原因以及下一步的發展計劃還需要深入分析和解釋。

就質的分析而言，對不同時間節點上數據資料的分析貫穿數據分析的始終。評估者會持續不斷地對不同時間節點上的數據資料、文件等進行比較，並對其進行編碼，以求發現適合數據資料的編碼方式，直到得出相對穩定的評估結果。

二、就某個時間節點上的表現與期望進行比較

無論是過程性的評估還是終結性的評估，評估者除了可以對比分析不同時間節點上的幼兒發展之外，還可以選取某個時間節點（一般都是某次幼兒發展評估結束時）上的幼兒的發展表現與特定的教育期望、發展的里程碑或者心理測驗的常模等進行比較，來確定特定的幼兒或者群體的發展狀況。

這些年關於幼兒發展方面的研究成果非常多，已經累積了非常豐富的幼兒發展知識，基本勾勒出了幼兒身體、心理發展的輪廓和路徑。對幼兒在不同發展領域、不同年齡階段的發展狀況都有了較為清晰的認識，這些成果很多也都反映在國家層面出臺的一些關於幼兒發展的政策文件中，比如美國各州公布的早期學習標準中建立了對幼兒的教育期望，都有對不同年齡段幼兒該做什麼和能做什麼的詳細描述。評估者可以將某個或者某些幼兒在特定領域的發展狀況與這些文件或者研究成果中的對應期望進行比較分析，進而判斷分析幼兒發展與教育期望之間的距離，並為調整課程與教學提供足夠的證據和支持。

1. 身高和體重適宜

參考標準：

	男孩	女孩
身高	94.9~111.7公分	94.1~111.3 公分
體重	12.7~21.2公斤	12.3~21.5公斤

2. 在提醒下能自然坐直、站直

如果評估者透過對評估資料的分析發現某個或者某群3足歲男性幼兒在身高、體重方面與上述標準有一定的距離，據此就可以認為該幼兒或者該群幼兒在體態方面的發展落後於國家的要求，需要教育工作者和家長合力來設計課程方案，儘可能促進幼兒在健康領域的發展和進步。

美國亞利桑那州的早期學習標準中對前書寫的要求是這樣的。

標準 1

書面表達：兒童使用書面資料來交流觀點。

指標：使用大量的手寫工具、資料來畫畫和做符號；向成人講述思想、觀點和故事；用塗鴉和單詞形式的符號來表達單詞、傳達觀點或講故事；從左往右寫，知道字母串組成單字，單字串組成短語或句子，中間用空格或其他符號隔開；使用創造性的單詞來傳達觀點或講故事。

該標準中羅列的行為有助於評估者將自己所得的關於幼兒書寫能力發展的數據資料在整理之後與之對照，就可以準確地判斷幼兒是否已經具備了前書寫的能力。

也有研究者綜合相關的研究文獻提出了兒童發展的剖面圖和發展模式，這些都可以用來作為評估者分析評估數據和得出判斷的可靠依據。例如有研究者描繪的 4 歲兒童在個性與社會性方面發展的剖面圖是這樣的：

樂於助人，友好，時常表現出過度的熱情。

情緒變化很快且無法預測。一會兒笑一會兒哭；會因為一些小的挫折發脾氣；被冷落後會生悶氣。

經常假想遊戲同伴；與假想的遊戲同伴談話並與這個看不見的遊戲同伴分享自己的強烈情緒。

吹噓，誇大，用添油加醋的方式和富有想像力的斷言來「歪曲」事實。

與他人合作，參與小組活動。

完成任務後表現出驕傲；經常尋求得到成人的肯定。

經常出現自私的情況；不能做到輪流或者理解要在特定的條件下必須輪流；與其他幼兒閒聊。

堅持嘗試獨立做事；當遇到問題就會受挫或者發脾氣。

喜歡角色遊戲和假裝類的活動。

第六章 幼兒發展評估資料的分析與結果的解釋

大多數情況下使用言語的攻擊行為而不是身體上的攻擊行為；大聲叫喊來發洩憤怒而不是想出一個點子；威脅，諸如「不允許你參加我的生日聚會」。

經常用辱罵的方式來排除其他同伴。

與遊戲夥伴建立親密的關係；開始擁有「最好」的朋友。

上述的典型行為表現基本勾畫出了一個處於正常發展態勢下的 4 歲幼兒在人格和社會性發展方面的狀況，評估者據此可以對自己所收集的評估資料進行分析判斷，來瞭解和確定評估對像在上述行為框架中的表現狀況，明確評估對像在哪些方面符合常態的發展，哪些方面的行為還沒有出現等。

第二節 幼兒發展評估報告的撰寫

當評估者在一定時間段內對幼兒特定發展領域收集了數據資料，並對數據進行瞭解釋分析，審慎地得出評估結果之後，就需要撰寫評估報告，以便對整個評估進行簡要的回顧和深度的反思，思考評估自身存在的限制以及將來需要進行的調整等。評估報告不是只呈現最終的評估結果，而是要對評估的所有要素進行概括化的總結和呈現，以便評估結果的使用者能在最短的時間裡瞭解評估的過程和結果。評估報告需要包含的要素主要有評估的主題、評估的目的、評估者、評估的方法、評估的時間、評估的結果、評估者的反思等等。下面給出幾個幼兒發展評估報告的樣例，供參考分析。

下面先給出針對單個幼兒的評估報告的樣例（表 6-3）。

表 6-3 單個幼兒在特定發展領域的發展評估的報告

幼兒姓名：
幼兒出生年月日：　　　　　　　幼兒性別：
所在幼稚園：　　　　　　　　　評估者：
評估的目的：
評估的內容：
收集評估資料的方法與過程資料的類型，收集資料的主要方法、收集資料的主要時間節點以及時間安排等)：
評估報告完成日期：
幼兒在具體評估指標上的表現：
評估指標：　　　　　　表現水準：　　　　　時間節點(諸如學期初、學期末)：
指標一
指標二
……
總體評估結論：
評價者對此次評估的反思：
評估者即將採取的行動：

　　對於單個幼兒的發展評估報告，除了可以集中呈現幼兒在某個領域的發展狀況之外，還可以整合其他發展領域的評估來集中、完整地描述和呈現幼兒在多個發展方面的發展狀況，形成一個類似發展剖面圖一樣的評估報告(表 6-4)。

第六章 幼兒發展評估資料的分析與結果的解釋

表 6-4 幼兒發展評估的剖面圖

評估報告完成日期：

領域	指標	時間節點1				時間節點2				時間節點3			
		1	2	3	4	1	2	3	4	1	2	3	4
領域1	指標1												
	指標2												
	指標3												
	……												
領域2	指標1												
	指標2												
	……												
	……												

總體的評估結論：

評估者對評估的反思：

評估者未來可能採取的行動：

下面以認知發展領域中的問題解決能力的評估為例給出針對群體幼兒的發展評估報告的樣例 (表 6-5)。這裡的群體幼兒可能是一個小組，也可能是全班，還可能是少數的具備某些共性特徵的幼兒。

第六章 幼兒發展評估資料的分析與結果的解釋

表 6-5 群體幼兒發展評估的報告

幼兒所在幼稚園：　　　　　　　評估者：
評估的目的：瞭解班級幼兒在問題解決能力方面發展的狀況
評估的內容：問題解決能力
收集評估資料的方法與過程(數據的類型、收集數據的主要方法、收集數據的主要時間節點以及時間安排等)：
評估者主要採用軼事記錄法來收集每個幼兒在學習過程中所展現出來的問題解決能力的片段；評估者在學期初、學期中和學期末都分別收集和篩選了幼兒在問題解決能力方面的典型的軼事記錄，幫助教師參照問題解決能力的評估標準來做出相對客觀的判斷

評估報告完成日期：

幼兒姓名	問題解決															
	提出問題				識別				假設				檢驗			
	1	2	3	4	1	2	3	4	1	2	3	4	1	2	3	4
A																
B																
C																
D																
E																
F																
G																
H																
總分																
學期初																
學期中																
學期末																

總體評估結論：

評估者對此次評估的反思：

評估者即將採取的行動：

本章回顧

　　評估資料的分析主要是尋找資料和數據之間的聯繫和意義，著力分析和確認幼兒在某個發展主題上的現實表現狀況。從時間的維度來看，主要的分析思路包括對比不同時間節點的數據資料和就某個時間節點上的表現與期望進行比較。幼兒發展評估報告是對評估的所有要素進行概括化的總結和呈現，以便評估結果的使用者能在最短的時間裡瞭解評估的過程和結果。評估報告需要包含的要素主要有評估的主題、評估的目的、評估者、評估的方法、評估的時間、評估的結果、評估者的反思等等。

思考題

1. 簡述分析解釋幼兒發展評估資料的方法。

2. 試論兒童發展知識對合理分析解釋幼兒行為的重要作用。

3. 撰寫幼兒發展評估報告的注意事項。

第七章 為了幼兒發展的評估

第七章 為了幼兒發展的評估

　　現實中的幼兒發展評估主要由教師在真實的教育情境中進行，並與自己的日常教學緊密結合，很難將幼兒發展評估工作與教學的環節截然分開。前邊兩類的幼兒發展評估可以被稱為「幼兒發展的評估」，而這種評估可以被稱為「為了幼兒發展的幼兒發展評估」，兩者之間有本質的不同。前者更多是一種由外部主導的、教師相對被動捲入的、容易去教育情境的評估，後者則是內部主導的、教師積極主動捲入評估的、在真實教育情境中進行的真實評估。

　　總體來看，「為了幼兒發展的幼兒發展評估」是今後若干年之內幼兒發展評估的趨勢和潮流，無論是評估的研究者還是教育實踐工作者在這方面都做了大量的研究和探討，也發展出來了一些適合幼兒教師在實踐層面操作應用的評估思路和工具，代表性的工具主要有檔案袋評估、搭橋和學習故事等。

案例

　　有位幼兒教師嘗試用檔案袋評估幼兒發展，一年之後她這樣寫道：「檔案袋」的製作並不是一件簡單的事情，也不是幼兒發展訊息和作品的無序羅列與堆積，更不能將其演變為華麗的垃圾筐。理想的幼兒發展檔案能夠為教師、家長、研究者提供其他傳統評估手段無法提供的豐富真實的有關幼兒學習發展的資料，可能它會被質疑為缺乏足夠的客觀性以及充滿了評估者的情緒色彩，但是檔案袋比冷冰冰的數字更能讓教師、幼兒和家長感到溫暖，也比量化的評估更能描繪出一個動態發展的、完整的、真實的幼兒發展圖景。檔案袋評估讓我更關注幼兒學習的過程、背景和意義以及他會什麼和喜歡什麼，而不是停留在他不會什麼，他是發展正常還是落後於大部分同伴。

問題聚焦

　　如何用新的評估方式來保證幼兒發展評估的目的圍繞「改進」且與課程教學融合，而不是「證明」且與課程教學脫節？

第七章 為了幼兒發展的評估

學習目標

1. 熟悉並掌握檔案袋評估的基本程序。
2. 熟悉並掌握搭橋評估的基本程序。
3. 掌握幼兒學習故事的基本程序並反思其文化適宜性。

第一節 檔案袋評估

根據維基百科「檔案袋評估」(Portfolio Assessment，又寫作 Alternative Assess-ment) 詞條的描述，檔案評估、傳統評估、標準化評估共同構成教育領域評估的三大類別。檔案袋評估在我國臺灣地區被稱作「檔案評量」，其中可以分為「教學檔案評量」，主要評估教師的教學過程和專業技能；「學生檔案評量」，主要用於評估學生的學業表現。檔案袋評估是評估幼兒發展與學習的主要方式之一，用來評估幼兒在學習和發展過程中表現出來的能力和素養。

一、檔案袋評估的由來

檔案一詞，最早來源於藝術家的作品集。在藝術創作中，攝影家、畫家、音樂家、作家或建築設計師都會保留個人的成果檔案，經由檔案資料來瞭解其成長歷程，評估其在個人領域的技能成就。這種評估方法能夠表現藝術家個人藝術追求、設計風格、創作成就、涉獵領域、不同時期代表作和藝術探索歷程。後來，檔案袋評估逐漸被運用到其他領域中評估個人的過程性成果。

20世紀90年代初，歐美等西方國家的教育專家反思了幾十年來教育評估領域的發展狀況後，學者們認為傳統以知識為主、以紙筆測驗為尊的教學與評估已不適合，也已不足以培育現代社會所需的人才，並且也無法培養自我負責、自我反省與自我成長的下一代，故使得教育多元化的改革風潮興起。教育專家們提出了表現性評定(真實性評定)的評估理念，注重對學生的學業成就表現進行評估。「表現性評估」逐漸成為改革者所倡導的主流，而主流中最受矚目的是檔案袋評估，檔案袋評估的想法源自藝術家的作品檔案袋。

目前，國內外學者對教育領域的檔案袋評估的稱謂眾多：卷宗評估、歷程檔案評估、公文包評估、學生學習成果檔案評估、作品集項評估以及成長記錄袋評估等。

二、檔案袋評估的概念

檔案袋評估的實施和研究已經有十多年的歷史，然而，我們仍然很難對其下一個完美的定義，美國課程評估專家約翰遜曾說過，如果要求 5 個不同的教師給檔案袋評估下定義，你可能會收到 5 個不同的答案——其中每一個都是沒有錯的，它們通常是與特定情景或使用它的學校聯繫在一起的。儘管如此，回顧不同的學者對檔案袋評估的概念，能夠幫助我們更加清楚地理解幼兒教育情境中檔案袋評估的含義。

阿特和斯班德 (1992) 認為檔案袋是學生作品的有目的的彙集，以反映學生在特定領域的努力、進步或成就。其內容包括檔案袋內容選擇過程中的學生參與情況，選擇檔案袋作品的標準，判斷作品質量的標準以及學生反思的證據。

波特和塞拉德 (1995) 對檔案袋的表述如下：檔案袋是學習者學習成果的彙集，主要包括學生作品及作品反思。作品反思不僅能夠幫助學習者理解、擴展所學知識，並且可以使讀者對學習者及其學習情況有一個深入的瞭解。

在弗格特·古奧克斯和西蒙 (2000) 看來：檔案袋是指「由學生自己、教師或同學選擇並做出評論的相關資料的不斷彙集，以此評估學生在能力發展過程中的進步情況」。

在幼兒教育領域，邁耶 (1991) 將檔案袋定義為：有目的地收集幼兒作品，這一系列的作品展現出幼兒在一個或數個領域的努力、進步與成就。整個檔案袋的建立過程都有幼兒的參與，同時還包含了幼兒自我反省的證據。德菲娜 (1992) 認為：檔案袋是有系統、有目的、有意義地對幼兒一到兩個領域作品的收集，檔案袋裡的物品包括教師、父母、同伴、幼兒園管理者選擇的有意義的物品。檔案袋還應反映幼兒真實的學習過程，展現一段時間以來幼兒

付出的努力、取得的進步和成就。檔案袋可以由若干區域、子文件夾組成，作品的選擇應該是多媒介和多維度的等。

廖鳳瑞 (2005) 認為：檔案袋評估是指教師有目的（朝向教育目標）、有系統地將透過不同方法收集的代表幼兒發展與學習的證據加以組織，以展示幼兒在校內的經驗、努力、進步和成就，讓幼兒及其他人看見他個人獨特的能力，並能和其他人分享他的經驗。幼兒成長檔案必須達到的功能是：

(1) 展現幼兒真實的學習與成長過程及結果；

(2) 能夠明顯地體現出幼兒的進步；

(3) 展現幼兒個人的最佳能力與獨特的特質；

(4) 為幼兒發展評估提供質性資料；

(5) 反映教師的學習與教師活動及教學績效。

綜上所述，我們認為幼兒發展的檔案袋評估即在一段時間中，有系統、有目的且持續地收集代表個人成長、成就與表現的作品。由幼兒與教師依據教師的期望與幼兒的發展，共同評估幼兒的學習與進步，對幼兒的發展水準進行分析、提出預期發展的目標，使教師能有針對性地對幼兒進行引導和幫助。

三、檔案袋評估的特點

在幼兒發展評估中，檔案袋評估是以幼兒為中心的可靠性評估，它是以幼兒真實生活環境為背景的，表現幼兒在一段時間內的發展與進步的有效方法。運用檔案袋評估幼兒發展具有以下特點。

(一) 評估主體的多元性，有教師、幼兒和家長多方參與

參與檔案袋評估的人員具有廣泛的多元性，不僅僅有教師參與評估的全過程，幼兒（包括同伴）和家長也具有較強的參與性。在制訂學習課程和評估的目的、內容時，教師、幼兒和家長需要共同商討，取得共識，來界定幼兒發展和學習的若干領域。在收集評估資料時，教師要考慮到幼兒作品的表

現性,以及幼兒意欲放入評估檔案的作品資料,家長可以提供幼兒在家裡的相關作品和表現照片、錄影等。在整理評估資料得出評估結果和研討時,教師應該邀請家長參與,聽取家長對幼兒作品的闡釋和家庭的意見,也要尊重幼兒對自己作品的解釋。檔案袋評估主體的多元性,與幼兒發展相關的人士充分參與幼兒發展的觀察和解釋,以及對象的多元化,能夠有效地促進評估主體之間的相互諒解,對幼兒學習和發展的指導和幫助效果最優化。而評估對象也可以包括個人 (學習成果)、小組或全班 (合作學習成果) 等。

(二) 評估過程的系統性,圍繞發展的目標持續收集資料

檔案袋評估具有較強的系統性,評估依據既定的目的決定評估時間、地點、內容、方法,每一位幼兒都有同樣的機會,並不是針對個別幼兒的評估。檔案袋評估緊密圍繞設定的教育目標,系統地收集幼兒作品;收集幼兒作品的目的是評估幼兒發展,在此基礎上對幼兒的成長給予引導和幫助。評估和課程有著高度的相關性,評估的內容對幼兒的學習和發展是重要的、有意義的,評估過程與課程進度相結合。檔案袋評估並非漫無目的地收集幼兒作品等學習的相關資料,而是教師依據課程教學目標與計劃,有目的地收集相關資料並加以評估,以展現其學習成果的歷程。此外,多方人員的參與也增添了評估過程的系統性,多方人員對幼兒作品的分析與詮釋也是一個系統性的過程。

(三) 評估對象的表現性,持續收集代表幼兒成就的作品

檔案袋評估是在連續的一段時間中,考察幼兒努力、進步與成長的情形,具有形成性評估的意蘊,不是像傳統的紙筆測驗般只著重幼兒在某一時間點所記憶的知識量或學習結果,而是注重幼兒的表現性和發展性成就。檔案袋評估的資料是幼兒實踐性成果的全程呈現,不僅僅是答案或結果而已。檔案袋評估收集的資料注重在日常活動中的真實情境中表現出來的成就與經驗,教師、幼兒和家長等採用多種方法收集不同情境中能夠代表幼兒成長、學業成就與發展表現的幼兒作品或記錄,這裡所說的作品 (記錄) 不僅僅是作業的展示或活動照片的展示,所收集的資料還要經過分析和詮釋,即「作品 =

觀察資料或照片＋註解＝記錄」。此外，評估時要允許幼兒建構答案，要允許幼兒選擇自己要展現的方式與作品內容。

（四）評估資料的真實性，貼近幼兒的興趣、學習與生活

檔案袋評估資料的真實性是指評估內容要貼近幼兒的能力、興趣與生活，要評估幼兒在生活中能力表現的情形、興趣所在。檔案袋評估強調以幼兒為中心，讓幼兒更自主、更主動地掌握學習過程，能充分符合幼兒的個別需求、尊重學生的個別差異，改變傳統紙筆測驗般以相同工具來評估群體幼兒的狀況。檔案袋評估所運用的資料以具體可見的方式呈現幼兒在課程和遊戲中的行為與表現，用作品記錄和解釋來說明幼兒行為表現的意義。因此，檔案袋評估收集資料的方式就需要與幼兒的學習生活相匹配，充分考慮到課程與遊戲中的幼兒操作活動、檢核表、評定量表、連續性記錄、軼事記錄、觀察或實驗等。評估資料的呈現樣式也要能夠體現出幼兒發展學習的真實情形，可以是靜態的作品，例如照片、圖畫、繪本、幼兒自製記錄表等。

（五）評估導向的發展性，在評估中分享幼兒的發展成就

檔案袋評估能夠為教師提供訊息，用來支持或調整教師的課程教學計劃，提升教師對幼兒的個別化指導水準，從而更好地促進幼兒的發展，同時，也提升教師的專業化水準。檔案袋評估重視教師和幼兒反省與自我評估，讓師幼雙方反省製作檔案歷程，自我評論所選擇的作品與成果質量，讓幼兒更深入瞭解學習的內涵和學習過程，促使幼兒成為主動的學習者。對教師而言，檔案袋評估注重評估與課程的整合，評估緊密圍繞課程目標和教學過程，強調評估本身就是教學，評估與教師的教學、幼兒的學習不分離，互相提供支持。因此，教師和家長能夠在評估幼兒時，共同分享幼兒成就的喜悅。

四、檔案袋評估的類型

評估幼兒成長的檔案袋根據不同的標準有著不同的分類。主要的分類標準有兩類：一是根據檔案袋收集的作品內容，二是根據檔案袋的作用。

根據收入檔案袋的幼兒作品的內容性質可以將檔案袋分為：過程型檔案、成果型檔案和綜合型檔案。

過程型檔案著重幼兒學習過程、進步、努力與成就的觀察和記錄，透過過程型檔案袋來真實、全面、動態地描述幼兒發展與成長的過程。教師和幼兒依據特定的目的，有計劃及有系統地收集數據或作品，只要是兩者認為重要且有價值的均可納入，收集資料時，可以以一個核心的課程主題為主，或是以一個學期 (年) 的時間為主。檔案袋裡除了幼兒最優秀的作品外，幼兒的所有作品、作品創作過程及成長過程中能反映其努力與進步的訊息都可以收集起來，形成檔案資料，幫助教師和家長提升對幼兒的認識，可以瞭解幼兒發展的需要，認識到幼兒發展的優勢與不足，從而為合理地選擇課程目標和指導策略提供依據，促進課程遊戲與評估的整合。因此，製作過程型檔案就必須考慮：要達成的課程和幼兒發展目標、製作檔案的計劃和步驟、檔案帶來的收穫和檔案給教師的課程與遊戲計劃帶來的幫助、教學可以完善的地方等。

　　成果型檔案袋由教師與幼兒共同決定主題 (課程的核心主題)，展示幼兒在這一個主題中最優秀的作品或成果。成果型檔案經常展示在親子活動、家長開放日或期末總結活動中，給家長與幼兒園溝通提供資料。製作成果型檔案的過程中，教師必須事先決定幼兒的學習任務，幼兒再自行選擇並決定滿意、優秀的作品後，集結成為成果檔案，作為學習目標達成的佐證。成果型檔案袋評估對幼兒來說是一種無形的激勵，對培養幼兒自尊、發展積極的自我意識有著十分重要的意義。成果型檔案袋的目的主要是為了展示幼兒的最佳成果或最滿意的作品，因此教師沒有必要對檔案袋本身進行評定，而其中的每一件作品是否要單獨評定，可以根據教學計劃和安排來定。但需要有選擇這些作品的理由或者反省。成果型檔案展現幼兒獨特的本質、達成學習精熟任務或創造性的學習成果，教師只是輔導者，引導幼兒從不同角度思考或表現。因此，成果型檔案缺乏過程的作品較難瞭解幼兒的努力與成長過程，優秀的作品並不完全代表學習過程的難度和創新程度；成果型檔案評估難以建立評估的標準和規範，成果的收集尊重幼兒的個體差異，在幼兒各具特色的作品中不容易得到共同的評估標準及規範。

　　綜合型檔案袋是指兼具成果型、過程型或者是兼具多個主題的學習檔案袋，常用於課程教學總結性評估或幼兒學習能力傾向發展性評估中。透過綜

合檔案袋的訊息對幼兒發展水準進行評估，即比較幼兒在原有水準上，是否有進步，是否達到了規定或預期的發展目標，存在的優勢和不足到底有哪些等。評估型的綜合檔案袋是把檔案袋作為評估幼兒發展水準的工具，運用這些評估訊息來支持幼兒的發展和就教育方面的問題做出決策。因此，綜合型檔案兼具過程型檔案和結果型檔案的特點和功效，卻並不是兩者的簡單相加，而是根據課程與遊戲的主題對幼兒在各個領域的發展水準進行評定，評估作為水準性評估或終結性評估，要先進行整體評定。至於是否要在整體評定前給每一件作品進行單獨評定則取決於評估的領域、收集的內容與方式。

廖鳳瑞主張按照檔案袋的作用來劃分檔案袋類型，可以分為 4 類：

(1) 陳列性檔案，用以展示幼兒的最佳作品。

(2) 文件性檔案，用以保存幼兒的作品和進步的證據，放入這類檔案中的作品要有幼兒看得懂的描述。

(3) 歷程性檔案，用以保存幼兒在某項大型工作中持續產出的作品，通常由幼兒自己記錄和判斷。

(4) 評鑑性檔案，指的是在一段時間裡持續而又系統地收集到的能代表幼兒成長、進步和成就的作品，讓幼兒和教師依據教師的期望與幼兒的發展，共同評鑑幼兒的學習和進步。這類檔案中的作品通常附有詳細的敘述性文字，以說明作品所代表的能力或意義。而為了分析和判斷作品所反映的幼兒學習和進步的狀況，教師必須事先依據該年齡段幼兒的教育目標，設定評鑑的標準或作品的計分方式。

這 4 類檔案的共同特點在於以具體的作品呈現幼兒的真實能力及優點，而收入檔案的作品都是對幼兒有意義的、幼兒能理解的。其中與幼兒的學習最為直接相關的是評鑑性檔案。

根據不同的標準，幼兒檔案袋評估有上述 2 種主要的分類方法。其中成果型檔案袋大致和陳列性檔案袋、文件性檔案袋類似，過程型檔案袋和歷程性檔案袋類似，綜合型檔案袋和評鑑性檔案袋類似。在幼兒教育實踐中的運

用，要考慮到具體的課程目標與內容、幼兒學習的特點與方式以及家長與幼兒園雙方對幼兒發展的共識等。

此外，還有學者依據學生在製作檔案袋之前，教師或教研人員對檔案袋生成所給予的結構性設計的強度，把檔案袋評估分為結構型檔案袋、半結構型檔案袋以及非結構型檔案袋。

五、幼兒學習檔案袋的內容

運用檔案袋評估幼兒的學習與發展，所依據的資料就是檔案袋的內容。檔案袋主要由兩部分組成：一是幼兒的個人資料，二是幼兒學習和成長的記錄。完整的幼兒學習檔案袋還包括引言部分。

(一) 幼兒學習檔案袋的引言

引言部分由幼兒教師撰寫，包括收集檔案袋的目的、時間、主要內容、資料形式(文字、照片、錄影等)以及對幼兒的總體感觀評估等。幼兒學習檔案袋的閱讀對像一般為幼兒家長、其他教師，檔案袋的內容還可以供幼兒回顧童年經歷。這裡，我們提供 2 個檔案袋的引言範例供參考。

範例一：

孩子的學習和發展是我們共同關注的話題，為了可以更全面地瞭解孩子在健康、語言、社會、科學和美術領域上認知、情感、能力的發展，我們計劃在這個學期開展「幼兒學習檔案」的記錄，希望能得到您的大力支持。

在這個小檔案中，我們將用多種方式，如幼兒作品、照片、文字記錄等等來真實記錄孩子學習的歷程，希望您可以和我們一起來收集這些資料，並發揮您與孩子朝夕相處的時間優勢，使這個檔案更能反映孩子的個性和迷人之處。相信透過我們的共同努力，將為孩子的成長留下一段難忘的回憶！而其中反映出來的一些問題，也會促使我們相互配合，尋找一些有效的教育策略，幫助孩子度過發展中的一道道關口。謝謝！感恩！

範例二：

　　　　在這個學期有了很大的進步，您可以在整個檔案裡清楚地看到他在運動技巧、與人交往、動手操作、角色扮演和口語表達等方面的發展。照片、繪畫作品甚至他的某個創意會幫助您走進一個真實的生活世界。它會告訴您，想了些什麼、做了些什麼，哪些舉動受到了教師和小朋友的歡迎，哪些想法對我們活動的進行至關重要。在《美麗的風箏》《快樂的夏天》和《我們要上小學了》這些主題探究活動中，充分展示了一個未來藝術家的氣質。他對事物細節的敏銳把握和富有創新的表達，表現了一個孩子對世界的理解。(橫線上填寫幼兒的昵稱或姓名)

(二) 幼兒的個人資料

　　幼兒的個人資料主要登記幼兒的基本訊息，顯示檔案的「主人」的基本特點。內容主要包括姓名、照片(呈現幼兒的個人圖像)、生日、興趣、專長、未來志向等，還可以包括最好的朋友、血型、家庭數據等。

範例一：

我的個人資料

我的名字是 ＿＿＿＿＿＿＿＿

我是 □男生／□女生

我今年 ＿＿＿＿＿ 歲

我的生肖是 ＿＿＿＿＿

我的出生地是 ＿＿＿＿＿＿＿

我在家中排行 ＿＿＿＿＿

我最喜歡 ＿＿＿＿＿＿＿＿＿＿＿

我最討厭 ＿＿＿＿＿＿＿＿＿＿＿

我的好朋友是 ＿＿＿＿＿＿＿＿

PS. ＿＿＿＿＿＿＿＿＿＿＿＿＿＿

　　範例一提供了一個簡單的個人資料記錄方式，範例二 (表 7-1) 則提供了一份幼兒綜合記錄表，詳細記錄了幼兒個人及其家庭的基本訊息，包括幼兒生活習慣和健康狀況等，同時範例二的幼兒綜合記錄表也可用作幼兒入園訊息登記。

幼兒發展評估

第七章 為了幼兒發展的評估

範例二：

表 7-1 幼兒綜合記錄表

<table>
<tr><td rowspan="6">幼兒基本資料</td><td colspan="2">姓名</td><td></td><td>性別</td><td></td><td colspan="2">出生日期</td><td></td><td>電話</td><td></td></tr>
<tr><td colspan="2">地址</td><td colspan="8"></td></tr>
<tr><td colspan="2">親屬</td><td>姓名</td><td>年齡</td><td colspan="2">受教育程度</td><td>職業</td><td colspan="2">就職機關</td><td>電話</td></tr>
<tr><td colspan="2">父</td><td></td><td></td><td colspan="2"></td><td></td><td colspan="2"></td><td></td></tr>
<tr><td colspan="2">母</td><td></td><td></td><td colspan="2"></td><td></td><td colspan="2"></td><td></td></tr>
<tr><td>兄__人</td><td>姐__人</td><td>弟__人</td><td>妹__人</td><td colspan="2">緊急聯絡人</td><td colspan="2"></td><td>電話</td><td></td></tr>
</table>

請家長詳填以下表格，作為照顧及輔導幼兒的根據

<table>
<tr><td rowspan="11">生活狀況</td><td>特殊的飲食習慣</td><td></td><td>獨處時常做的事</td><td></td></tr>
<tr><td>特殊的睡眠問題</td><td></td><td>經常一起玩的玩伴</td><td></td></tr>
<tr><td>最喜歡的室內活動</td><td></td><td>日常較親密的兄長或成人</td><td></td></tr>
<tr><td>最喜歡的戶外活動</td><td></td><td>特別害怕的人</td><td></td></tr>
<tr><td>最愛看的電視節目</td><td></td><td>特別害怕的事物</td><td></td></tr>
<tr><td>最常玩的玩具</td><td></td><td>特殊的行為問題</td><td></td></tr>
<tr><td>幼兒晚上會尿床嗎</td><td></td><td>幼兒得過重病或受過重傷嗎</td><td></td></tr>
<tr><td>幼兒以前曾入過幼稚園嗎</td><td>有/無：
幼稚園名稱：</td><td>幼兒喜歡說話嗎？與誰說話最多</td><td></td></tr>
<tr><td>什麼問題會讓你與幼兒發生衝突</td><td></td><td>你能告訴我們幼兒有什麼需要特別注意的地方嗎</td><td></td></tr>
</table>

<table>
<tr><td rowspan="5">健康狀況</td><td colspan="2">種類</td><td colspan="5">曾患病症</td><td colspan="5">常患病症</td><td>補充說明</td></tr>
<tr><td colspan="2">病症</td><td>水痘</td><td>白喉</td><td>百日咳</td><td>外傷</td><td>麻疹</td><td>其他</td><td>感冒</td><td>扁桃腺炎</td><td>腹瀉</td><td>發燒抽筋</td><td>過敏症</td><td>其他</td><td></td></tr>
<tr><td colspan="2">有</td><td></td><td></td><td></td><td></td><td></td><td></td><td></td><td></td><td></td><td></td><td></td><td></td><td></td></tr>
<tr><td colspan="2">無</td><td></td><td></td><td></td><td></td><td></td><td></td><td></td><td></td><td></td><td></td><td></td><td></td><td></td></tr>
<tr><td colspan="14">● 緊急事件處理順序(請依需要在○內填1,2,3順序)
○希望園方先聯絡父母,再由父母處理
○由園方自行處理,必要時送往就近醫院
○父母希望園方送往指定醫院。院址：_____ 電話：_____
其他：</td></tr>
</table>

填表人(簽章)		日期	

178

在填寫幼兒個人資料時，要注意使用第一人稱，採用活潑的個性化語言描述。內容和形式可以由幼兒、教師、家長共同設計規劃，但以幼兒的意願為主。

(三) 幼兒的學習及成長記錄

幼兒的學習和成長記錄主要包括以下 7 種資料：

(1) 課程相關資料；

(2) 幼兒作品；

(3) 幼兒實踐活動的照片；

(4) 學習日誌；

(5) 文字記錄；

(6) 檢核表及評估量表；

(7) 視頻和音頻資料。

這裡參照國外學者的研究成果做出簡要介紹。

1. 課程相關資料

課程是教師為幼兒學習與發展提供的外在路徑，將課程相關資料放入幼兒學習檔案袋，能夠讓閱讀者知道檔案記錄的時期，在教師的指導下，幼兒進行了哪些活動，對於活動的目標、內容和方式等有一個總體感知，就能夠將檔案袋的內容與課程內容、幼兒學習與發展的成就和進步連接起來，以便更準確地評估幼兒，並為檔案資料提供一個邏輯框架。這部分內容可以包括整學年(期)之課程與學習規劃表、課程(主題)網絡或教學活動大綱等。

2. 幼兒作品

幼兒創作的圖畫、寫作和立體作品是幼兒認知發展和創作能力的真實證據。這些作品能反應幼兒的個人興趣和獨特才能、表徵著幼兒個人的學習成就、學習方式以及幼兒認知和動作技能協調發展的程度。幼兒學習檔案袋需要保存證明幼兒學習與發展的作品資料，這些作品資料是原始(原創)的、

第七章 為了幼兒發展的評估

沒有經過變動的且沒有其他人的意見批註的，能夠讓教師瞭解幼兒的需求及興趣。幼兒作品資料內容包括：幼兒的美工作品、幼兒的口述記錄和幼兒的寫作作品等。

幼兒的美工作品主要是幼兒的繪畫、手工和美術欣賞等活動取得的成就，這些作品能夠展現幼兒在審美認知和操作能力上統整的技巧。透過這些作品可以評估幼兒在繪畫等技巧方面是否循著預測的途徑發展，幼兒思維發展的外顯是如何呈現的。

幼兒的口述記錄主要是幼兒在講述故事、描述一件事情和談話活動的記錄。透過這些資料可以瞭解到幼兒活動和言語發展以及書面語和口頭語表達的相關性，評估幼兒的言語能力和思維發展。幼兒口述記錄可以採用書面的形式（幼兒書寫、教師書寫）或錄音的形式保存。

幼兒的寫作作品主要是指幼兒的簽名、圖畫上的文字塗鴉、寫給他人的文字、原創的故事或書、教室的文字性佈置等。這些資料透過保存草稿和作品成品來收集，幼兒可以更加直觀地觀察和反思自己的作品，瞭解修改的必要性和如何進行修改；檔案查閱者查閱草稿和作品時可以瞭解幼兒在寫作和文字塗鴉方面的進步和學習過程。

3. 幼兒實踐活動的照片

幼兒實踐活動的成果主要指幼兒個人或者團體的表演、動態活動和立體作品等，以照片的形式呈現，作為幼兒參與活動的證據。照片能持續記錄幼兒在一段時間內的學習的具體情形，並且能幫助教師練習、進行觀察，作為文字記錄的提示以及做回顧式的軼事記錄。選擇的照片必須是有意義的，能夠代表幼兒當時的活動狀態，是聚焦式的個人影像記錄，應儘量避免團體照相。在收集資料時，教師可以和幼兒一同收集、選擇及整理照片，在收集過程中，教師可以有意識地引導幼兒回想、發現及強化興趣，瞭解個人進步，獲得成功的信心和收穫的喜悅。

4. 學習日誌

幼兒學習日誌是指個別幼兒針對觀察的事件、遇到的人、活動的經驗和閱讀的書籍等，用文字及圖畫等方式所做的學習記錄。學習日誌是幼兒在教師或者家長的幫助下，對當天學習活動的綜合性記錄，能夠反應幼兒多方面的發展情形。在日誌中，教師(家長)可以加入成年人和幼兒間的討論對話以及個人的短評。例如針對個別事件的記錄，或是觀察植物成長的長時間記錄。

5. 文字記錄

文字記錄是教師和家長溝通幼兒學習與發展的重要工具，它能彌補教師短評和平日口頭溝通上的不足。文字記錄的內容可以包括以下方面。

面談記錄是指教師針對一個特定的主題和幼兒進行討論的內容記錄，這裡的主題可以是一本繪本、一個事件、一個活動，也可以是個幼兒展現精熟技巧的時刻。面談可作為對幼兒某項學習活動的前測及後測，檢測幼兒透過教學活動獲得的經驗和成就。在收集面談記錄時，教師可以單獨安排或是在自然的情況之下進行。除了文字之外，教師也可以使用錄影(音)帶記錄。

系統化的記錄是指在教學活動中，教師對幼兒參與活動情況的一種連續性記錄。除了可以瞭解若干名幼兒進行活動的狀況或技巧的精熟度之外，教師也可以用此系統化的觀察來記錄課程及活動的效果。

軼事趣聞記錄是一種關於幼兒自發性行為的記錄。上述的系統化記錄有預定的目標，軼事趣聞記錄則是個別幼兒成長和發展的真實記錄。軼事趣聞能捕捉到幼兒獨特的特質，以及幼兒「突發、不預期、意外」的反應，為檔案閱讀和評估提供一個豐富多彩的童稚形象。教師在進行軼事趣聞記錄時，必須注意要避免個人主觀的臆斷。

檔案評估討論會摘要是指針對幼兒在一段時間之內的表現，教師、幼兒和家長以學習檔案的內容進行討論的一種會議摘要。討論會一般在學期結束後或者一個課程主題完成後進行。

敘述性的報告是一種統整性的報告，主要是教師針對個別幼兒整體進步情形、個性化需求和學習的優缺點所做的週期性文字記錄。敘述性報告的內容包含教師對特定幼兒未來學習方面做出的指導和幫助計劃。

6. 行為檢核表及評估量表

一些教育研究團體、專家結合幼兒教育的實踐和研究經歷，開發出不同的幼兒發展評估量表，對幼兒的學習與發展進行評估。教師在製作幼兒學習檔案時，結合幼兒學習發展目標、課程內容和幼兒特點選擇量表，對幼兒發展進行量化評估，與上述質的描述性記錄相互補充。教師還要注意加注文字性的說明，使量化評估的數字結果與記錄更有意義。

7. 視頻和音頻資料

音頻和視頻資料能夠提供有關幼兒學習完整、豐富的訊息，並彌補家長沒有實際經歷幼兒活動現場的缺憾。錄影(音)內容主要側重於個別幼兒的學習狀況，對幼兒個性化活動進行錄影和錄音記錄。

一般來說，在教師收集幼兒學習記錄時，需要在相關資料上進行批註。教師批註的內容包括幼兒姓名、主題說明、作品的內容概要說明以及該作品特別的地方，尤其是幼兒的某件作品和往常不一樣、進步的地方。教師的批註強調了幼兒作品的重要性，可以讓幼兒瞭解作品的優點以及可以再進步的地方，在讓幼兒感受到教師的重視外，也增進了幼兒的成就感和自信心。教師的批註除了可以實時瞭解幼兒作品的成果與意義之外，還可以作為教師評估幼兒的證據、與家長溝通的證據，並協助教師改善課程，家長可以更清楚幼兒的表現與進步，並作為幼兒成長的珍藏。此外，教師的批註還可以幫助教師與幼兒在作品方面進行不斷(定期、認真)的反省與檢查，可以讓教室成為一個「學習小區」，形成學習的氛圍。

六、檔案袋評估的步驟

廖鳳瑞對學習檔案袋的製作步驟有著較系統的研究，研究發現麥賽爾博士及其同事研發的「作品取樣系統」(Work Sampling System)在美國得到了廣泛的應用。該系統包含3個相互支持的系統：發展檢核表、檔案和綜合

報告。其中「檔案」即指評鑒性檔案,該系統對於如何在幼兒園實施檔案袋評估做了詳細說明。據此,結合臺灣地區幼兒教育實際和作品取樣系統中檔案收集與評估的具體步驟,列舉了檔案袋評估的步驟。(見表7-2)

表7-2 幼兒成長檔案袋製作步驟

學期開始前	學期中	學期結束
1.確定檔案關注的領域 2.規劃學習目標 3.界定學習目標的定義和標準 4.思考期望幼兒取得怎樣的進步 5.規劃課程重點 6.為幼兒準備資料夾和檔案夾	7.有規律地在活動中收集幼兒與學習目標有關的表現,並將其轉化為帶有批註的記錄 8.定期回顧與挑選代表目標能力的作品,檢核幼兒作品收集的狀況 9.分析和評鑒幼兒學習進步的狀況	10.撰寫綜合報告 11.與家長溝通評價結果

由於幼兒園教師的工作任務和幼兒學習互動的生活性等特點,過於繁雜的步驟不利於教師掌握並運用幼兒學習檔案袋評估。因此,結合已有研究,將運用學習檔案袋評估的步驟歸納如下。

(一)確定檔案關注的領域

教師首先必須確定「這份檔案要用來展現幼兒哪方面的學習和進步狀況」。作品取樣系統將幼兒的學習劃分為7個領域,即自我與社會發展、語文與文學、數學思考、科學思考、社會與人文、藝術、體能發展與健康,教師可以選擇園方或自己認為最重要的領域。臺灣的幼兒園教師通常選擇語文與文學、數學思考、藝術及自我與社會發展4個領域,選擇前2個領域主要是為了滿足家長對幼兒認知學習的關注,後2個領域則是教師認為對於幼兒來說很重要的發展目標:創造性及社會性。一般幼兒園將幼兒學習與發展分為5大領域:健康、語言、社會、科學、藝術,在《3～6歲兒童學習與發

展指南》中對 5 大領域的年齡目標和教育原則進行了闡釋。教師在製作幼兒學習檔案之前要從 5 大領域中選擇適宜於幼兒年齡發展特點的內容。

(二) 規劃學習目標

在確定領域之後，教師必須確定在這一學年或學期裡，幼兒在該領域應達到什麼水準、獲得什麼知識和能力。作品取樣系統將此稱為領域的「學習目標」，並且建議教師在仔細思考所有可能的學習目標之後，選出最重要的、最符合班上幼兒年齡特點和能力的兩三項目標。作品取樣系統還建議教師在剛開始實施檔案袋評估時先針對 2 個領域，每個領域只設定 2 個學習目標，待熟練掌握之後再逐漸增加。

(三) 規劃課程重點

在確定了學習目標及進步方向之後，下一步要進行的是設計課程、規劃教學活動。這一步驟的重點不在於預設每一個將要進行的課程活動，而在於列出課程進行中的主要原則，希望以此來指引教師。

(四) 收集並整理資料

在開學前，教師需要為幼兒準備兩個存放作品的收納處，一個用來放置所有原始作品 (稱之為「資料夾」)，一個用來放置挑選出來的作品 (稱之為「檔案夾」)。

有規律地在活動中收集幼兒與學習目標有關的表現，並將其轉化為帶有批註的記錄。教師在教學活動或幼兒自由遊戲與活動中，觀察幼兒是否出現了與學習目標有關的表現，將其記錄下來，寫上日期，並加上對其意義的說明。有時這些記錄需要輔以實際的作品或相片。這些記錄就是作品取樣系統中所謂的「作品」。教師對於幼兒表現所做的批註非常重要，因為教師的批註可以讓他人瞭解幼兒行為背後的含義。

(五) 分析資料

教師應該定期回顧與挑選代表目標能力的作品，檢核幼兒作品收集的狀況。每隔 3～4 周，教師需要與幼兒共同回顧收集的作品，從中挑選能代表

這一時期幼兒能力的作品。此時，教師把每個幼兒數據夾內的作品取出來，按時間順序排列，為每個領域的每個學習目標挑選一件能代表幼兒典型能力的作品，並寫下挑選的原因。然後請每個幼兒在看了自己數據夾內的作品後，挑出一件「最喜歡的」「最特別的」「最困難的」學「得最多的」或「最想保留的」作品，請幼兒說明原因並記錄下來。除了與學習目標有關的作品外，教師還要收集能展現幼兒獨特能力的個人項目作品，包括幼兒獨特的興趣、個性、才能、學習方式或重要成就等。

還應該分析和評鑒幼兒學習和進步的狀況。教師需要在學期初(開學後 8～10 周)、學期中、學期末 3 個時間點回顧收集到的所有數據。學期初，教師將開學以來選入檔案中的作品按時間順序排列，然後比較幼兒在前後作品中的表現，看看幼兒是否達到了學習目標以及是否有進步；接著，仔細閱讀和整理反映幼兒獨特能力的作品；最後，記錄幼兒的學習狀況、進步情形、獨特能力等評估結果。這樣的分析和評鑒在學期末時再進行一次：先整理及比較學期中到學期末的作品，再做學期初──學期中──學期末的比較。

(六) 撰寫綜合報告

教師根據對幼兒各領域學習和進步的評估結果撰寫綜合報告，呈現幼兒的學習與發展狀況。

報告完成後，教師需要與家長進行會談，利用檔案當面向家長說明幼兒的學習狀況、進步情形、獨特能力以及仍需關注的方面，並傾聽家長的意見與擔憂；最後，就未來幫助幼兒發展的方向與策略達成共識。

第二節 搭橋

搭橋 (bridging) 是美國埃裡克森學院的陳杰琦教授領銜為幼兒教師研發的一種可以溝通幼兒發展與課程的評估工具，以幫助幼兒教師在眾多的課程領域裡確認幼兒的發展狀況與進步狀況，並在此基礎上為幼兒規劃未來的學習，從而將幼兒發展評估、教師的干預、課程的規劃等融為一體。

第七章 為了幼兒發展的評估

一、搭橋的概念

按照陳杰琦教授等人的定義，搭橋指的是一種以行為表現為本和嵌入幼兒園課程的評估工具，用來幫助幼兒教師確認 3～8 歲的個體幼兒在智力上的強項並為之建構學習輪廓圖 (learning profile)，這需要用到幼兒教師對教室裡從事活動的幼兒觀察。

搭橋是基於幼兒園的課程開發出來的評估工具，其實踐形態是具體的融合教學與評估的活動，教師透過實施具體的活動來觀察幼兒、解釋幼兒的行為並為幼兒開發課程。開發者從眾多的課程活動中精心選擇設計了 15 個這樣的活動，涵蓋了主要的課程領域：語言和讀寫、視覺藝術、數學、科學和表現藝術，每個課程領域都有 3 個活動，這 3 個活動之間互相補充，構成一個具有代表性的整體。搭橋活動產出來的產品是幼兒的學習輪廓圖，其內容包括幼兒學習的內容和學習過程，內容指的是幼兒對具體學科領域內關鍵概念的理解和特定技能的掌握，學習的過程主要指的是幼兒的工作方式 (workingapproach) 以及如何捲入具體的學習任務等。（見表 7-3）

二、搭橋的評估過程

表 7-3 搭橋評估的領域和活動

領域	活動
語言和讀寫	1.閱讀一本書 2.講一個故事 3.表演一個故事
視覺藝術	1.嘗試使用蠟筆 2.自畫像 3.用有圖案的積木(pattern blocks)製作圖畫
數學	1.用有圖案的積木做風車 2.走由圖案積木構成的迷宮 3.探究數的概念(數數，減法，均分，估計)
科學	1.探究影子和光 2.組合陳列 3.製作汽車模型
表現藝術	1.音樂律動 2.演奏一種樂器 3.唱一首歌

搭橋是一個典型的融合形成性評估和終結性評估的工具，它起始於教師對從事各課程領域中活動的幼兒的觀察。但是教師的觀察是在行為表現階梯(rubric)的引導下進行的。行為表現階梯指的是用來表述在一個類別課程活動中不同行為表現水準的行為指標。這些行為表現階梯實際上為教師勾畫出了幼兒在特定學習領域的學習發展軌跡，從積極的方面來看，這有助於減輕教師識別判斷幼兒發展水準的焦慮和困難。

在借助行為表現階梯觀察幼兒的基礎上，教師需要選擇並實施 15 個活動中的某個活動。在實施的過程中教師需要收集兩個方面的訊息資料，一個方面就是幼兒在具體內容上學到了什麼的訊息，一個方面就是幼兒在教室互動的背景下如何學習的訊息。基於對所收集資料的分析整理，教師就需要思

考和建構幼兒的學習輪廓圖並為幼兒未來幾天的學習規劃課程。最後就是實施上一步規劃好的課程，在實施中透過觀察又開始另外的循環——選擇並實施搭橋評估活動，但是這裡實施的活動是基於幼兒已經獲得新的技能知識的基礎上的。

這一過程比較自然地將幼兒發展評估與幼兒園日常的課程教學很好地融合在一起，教師教學的過程既可以說是幼兒發展評估的過程也可以說是促進幼兒發展的教學過程，很難將其截然分開。

(一) 搭橋中教師的角色

在搭橋評估的過程中，教師需要扮演多種角色，有決策者、參與者、觀察者、解釋者和轉化者 ((translator)。這些角色中的大多數也是在其他評估工具和方法中比較常見的，諸如決策者和觀察者的角色，尤其是觀察者的角色是任何一種評估工具中教師必須扮演的角色之一。由於搭橋評估與課程、教學融合的突出特性，其對教師作為解釋者、轉化者角色的要求明顯高出其他的評估工具，下面對這兩個角色予以重點介紹。

1. 解釋者

作為解釋者，教師需要檢核自己在評估中所收集到的幼兒學習表現的輪廓圖、工作方式等資料，然後尋找隱藏在這些訊息資料中的某種模式或者關係，確認幼兒在某個發展方面的長處與短處等。受到文化心理學的影響，搭橋評估的研發者更樂意讓教師探尋幼兒行為表現後面的意義，而不是透過評估僅僅知道幼兒已經會了什麼和還不會什麼。意義來自從不同維度 (諸如任務結構、資料、社會互動以及學習內容等) 對幼兒行為表現的審視，不能將幼兒的行為表現僅僅歸結到某個單一的維度上，教師還需要考慮這些不同維度之間是如何互動和相互影響的。教師在解釋評估結果的過程中會產生意義，但是這個意義是屬於幼兒個人的且與特定的教育情境緊密聯繫的意義，它的產生和闡釋會受到幼兒家庭文化背景的深刻影響。另外，搭橋評估要求教師在解釋意義的時候必須認真思量更多的可能性，而不是只考慮一種可能性。雖然搭橋評估很重視教師作為解釋者的角色，但是也沒有給出教師分析解釋幼兒評估結果的具體程序和步驟。

2. 轉化者

轉化者的角色就是教師根據短期或者長期的教育目標，將評估的結果及其解釋和分析轉變成指導性的課程計劃。這中間教師需要首先對眾多評估結果和解釋的優先順序做出自己的判斷，然後分析與最需要優先處理的評估結果相關的幼兒發展的起點和水準，並為個體或者小組的幼兒設定新的發展目標，最後為其設計對應的課程計劃。可以說，轉化者角色的核心就是最大限度地利用評估結果，並將其作為後續課程開發和教學的重要依據。

在搭橋評估中，教師要承擔多重維度的角色，但是這些角色被認為是相互聯繫在一起的，而不是孤立存在的，需要在評估的過程中結合具體的情形來選擇和承擔。

(二) 搭橋評估活動舉例

下面以語言與讀寫領域的一個評估活動——講一個故事為例來介紹搭橋評估的整個框架和程序，內容包括評估指向的關鍵概念和技能、具體活動、所使用的資料與工具以及評估的程序等。

1. 關鍵概念和技能

講一個故事的活動涉及的關鍵概念和技能主要有 4 個方面：

設想一個場景並將其用語言講給其他人。

運用語言來表達想法和情感。

故事的概念：要素和結構。

印刷字體的規則。

2. 活動和資料

教師在每一個幼兒的筆記本上記錄下幼兒所講的故事，然後在小組活動時間幫助他們將每一個故事改編成劇本。幼兒所講的故事可以是原創的，也可以講自己所熟悉的書上已經有的故事。

資料主要是用來記錄的筆記本 (或者紙張)、鉛筆和馬克筆等。

3. 程序

第一步：選擇一個恰當的時間，在這個時間幼兒可以單獨講故事，教師也有時間來傾聽和記錄。為了發起講故事活動，教師可以關注正在遊戲中的幼兒並邀請幼兒將自己的遊戲點子加入已經寫好的故事中，這個故事將來會被表演出來。教師還可以對幼兒講其他幼兒講的故事，這個故事將來也會被表演出來。

第二步：找一張桌子用來講故事，桌子可以容納 3～5 個幼兒在聽故事的時候能繪畫、書寫和談話。

第三步：建立幼兒輪流講故事的常規。可以借助簽名單或者點名冊上幼兒的順序來幫助他們完成輪流講故事。

第四步：開始講故事之前，教師要與幼兒坐在一起，準備好鉛筆來記錄。如果有幼兒想立刻開始講故事，教師就可以問：「你的故事如何開頭？」或者：你「的故事中發生了什麼？」幼兒就會講出原創的故事或者自己所熟悉的故事來。

第五步：在講故事的過程中，如果有幼兒停頓 5 秒鐘以上，或者不知所措，就可以採取以下方式進行干預。

(1) 重複幼兒在剛才的講述中所說的最後一個句子，看幼兒能否繼續講下去。

(2) 如果上述方法不管用，就可以問幼兒：「接下來發生了什麼？」

(3) 如果上述方法不管用，就可以問幼兒：「在你的故事中還有別的什麼嗎？」以確認幼兒是否已經講完故事。

(4) 重複幼兒所講的整個故事並詢問幼兒是否還有什麼要補充。

第六步：如果幼兒表現出來故事中的某個手勢或者動作，教師就可以問：「這個動作(手勢)用語言怎麼說？」「我怎麼才能把它寫進你的故事裡？」

第七步：當幼兒講的故事已經記滿了頁面的時候，教師要留出一兩個句子的空間讓幼兒想出一個好的結尾。每個幼兒講述的時間為 1～5 分鐘。

第八步：計劃日後將幼兒所講的故事改編成劇本。

4. 相關評估工具

評估幼兒講故事中表現出來的語言能力的工具主要有幼兒講故事的行為記錄單、評估幼兒工作方式的行為表現階梯、評估幼兒行為表現的行為表現階梯。下面重點對行為記錄單和評估幼兒行為表現的行為表現階梯進行介紹。

幼兒行為記錄單主要是幫助教師比較客觀地記錄幼兒在講故事中的行為表現，主要包括故事的來源、故事如何開頭以及故事如何結尾3個方面。教師只需要根據幼兒的表現在相應的方框內做上記號就可以了。在此過程中教師必須完整地記錄幼兒所講述的故事以及師幼互動的內容與過程。(見表7-4)

表7-4 幼兒講故事的行為記錄單

幼兒姓名：	評估時間：	評估者：

在整個活動中要注意觀察幼兒，並將幼兒所講述的故事記錄在這裡。

故事來源：
☐ 原創的故事
☐ 重述自己熟悉的故事

幼兒容易給故事開頭：
☐ 不是
☐ 在提示下開始
☐ 是

幼兒給故事結尾：
☐ 沒有結尾
☐ 在提示下結尾
☐ 有結尾

相比較於行為記錄單，幼兒在講故事中的行為表現階梯則顯得更為重要，它聚焦於幼兒所講故事本身反映出來的水準與能力。這個行為表現階梯是透

第七章 為了幼兒發展的評估

過大量的實際觀察並結合文獻做出來的,教師需要結合觀察記錄單的數據來確定幼兒在行為表現階梯上的位置。(見表7-5)

表7-5 幼兒講故事的行為表現階梯

水平	名稱	行為表現指標
0	未參與	幼兒不願意參與活動
1	單詞句的敘述	幼兒說出一個或者幾個單詞,但是這些單詞之間缺乏聯繫 幼兒可能在紙上塗鴉,並用單詞給自己的塗鴉進行標記或者命名(例如爸爸、狗狗、花)
2	堆積	故事聽起來像一個物品或者事件的清單 故事就是一個句子(例如「一條美人魚在水裡游來游去。」) 幼兒沒有將事件或者詞語關聯起來的意圖 故事的內核中沒有單個的觀點和人物
3	順序	故事是一個觀點、物體和聯繫的集合,它們由一些具體的共同點聯繫在一起 故事的要素因為一些可見的共性而圍繞一個共同的核心(例如一個特定的行為一再重複,「那天的事件」)
4	原始的敘述	故事的內核中有一個核心觀念和人物 人物和行為之間的關係還沒有完整地發展起來 人物和行為之間的關聯建立在當下實際經驗的基礎之上。這種關聯是具體的而不是觀念性的
5	未聚焦的鏈條	故事的線條是脆弱的,經常讓位於其他的主題 故事中的事件是一個帶著一個、但是事件之間的關聯經常轉換(背景可能會模糊,人物來來去去) 故事缺少作為故事情節的核心的衝突或者問題 故事可能包含非常少的細節,或者是一條關係的線條
6	有焦點的鏈條	故事圍繞一個中心觀點或者衝突,由一系列的事件人物展開,這些衝突是具體的而不是抽象的,故事屬於「某某持續的冒險」的類型
7	精緻化的敘述	故事圍繞一個中心觀點由一系列的事件人物展開,在概念水平上立足於抽象問題的解決 故事有高潮,高潮部分的人物,場景都有一個變化,且作為事件或者人物行動的結局
8	完整的情節	符合水平7的所有標準 故事裡包括一些對人物的動機或者背景的描述 故事中包含明顯的關於時間空間的線索
9	複雜的情節	符合水平7的所有標準 故事裡包括一些對人物的動機或背景的描述
10	互動的情節	符合水平7的所有標準 故事裡包括一些對人物的動機或者背景的描述 故事裡包含兩個平行的、相互作用的情節

教師使用這個工具對幼兒所講的故事進行評估，並確定幼兒所處的水準。根據幼兒的水準教師可以運用諸如為幼兒讀故事、表演故事、假裝遊戲、討論等方式來推動幼兒講故事水準的提升。

由於所持評估觀念的限制，搭橋評估項目的開發者在其著作中並沒有給出教師在確定幼兒講故事水準之後是如何解釋和分析幼兒的行為表現的，故也沒有提供教師如何根據評估結果來為幼兒開發個性化的課程。單純從技術的角度來看，教師參照幼兒行為表現階梯來對幼兒表現水準的等級做出判斷，對一個習慣於仔細觀察幼兒的教師來說並不是什麼難事。

總的來說，搭橋評估工具的目的就是立足幼兒園的實際課程領域來為教師設計實用的、有效的、與課程教學融合的、能促進幼兒發展的評估工具，這是一種真實的、歷程性的評估工具。其為了教學的評估理念，以及對幼兒發展評估中教師和幼兒個人意義的重視與追求，都給幼兒發展評估帶來了新鮮的觀點。與此同時，該工具還提供了幼兒行為表現階梯，故還可能兼具促進教師對兒童發展的理解以及專業發展的功能。從其設計的評估活動的內容、程序和工具來看，確實很好地將幼兒發展評估與幼兒園課程結合在了一起，大大推動了幼兒園層面幼兒發展評估的水準和深度，提供瞭解決幼兒發展評估與教師層面的課程與教學之間關係的路徑和方法，在一定程度上解決了幼兒園課程與幼兒發展評估分離的難題，對幼兒發展評估領域的研究和實踐的價值不可低估。

從評估原理的角度來審視搭橋評估，在肯定其優點和強項的同時，也會發現它依然存在一些不足。不足主要與評估工具的信度和效度有關。搭橋評估的開發者沒有給出詳細的關於評估活動和工具的信度與效度的數據，是一個不小的缺憾。評估工具中的幼兒行為表現階梯採取的等級分數，且每一個等級的描述中涉及多個維度和指標，這些都對評分者的一致性帶來了考驗，如果評分者的一致性不高的話，該工具的實用價值就會打折扣；從效度的角度來看，幼兒行為表現的階梯是如何製作出來的、它是否反映了幼兒在該方面發展的核心經驗以及發展的軌跡，都還值得商榷。

另外，幼兒行為表現階梯的存在既是個大的優點，也有可能為教師的幼兒發展評估埋下隱患，讓教師誤以為幼兒的發展只能按照行為表現階梯來，或者只關注行為表現階梯中出現的那些行為，這都可能會導致幼兒教師對幼兒觀察和理解的狹窄化，出現評估工具主導教師觀察和教師的課程的狀況。

第三節 學習故事

自 20 世紀 90 年代以來，人們在反思傳統的標準化評估方法的基礎上提出了表現性評估的理論與方法。表現性評估是建立在建構主義學習理論基礎上的一種評估兒童的新的理論和方法。它要求評估與兒童的生活經驗相結合，力求反映兒童在真實情境中理解和運用知識的能力，提倡在不同的情境中運用不同的手段來評估兒童。敘事性評估 (Narrative Assessment)，有時又稱為學習故事 (Learning Story)，是一種與表現性評估的理念非常接近的評估兒童的方法。敘事性評估也是建立在建構主義學習理論基礎上的，並在一定程度上受到情景理論的影響。因為個人在學習中不是去習得知識固有的意義，而是自己建構有關世界的意義，因此缺乏情景的學習對兒童來說是沒有意義的。敘事性評估試圖透過連續描述兒童在真實情景中的行為來展示兒童的學習與發展狀況以及學習與情景的多方面聯繫，它強調對兒童的學習與發展進行全面和整體的觀察和評估。

一、學習故事的基本架構

在紐西蘭的幼兒教育領域，「學習的故事」是一個配合《紐西蘭幼兒教育綱要》使用的兒童學習評估系統。1998 年，紐西蘭教育部要求對學前兒童的學習和成長狀況提供以觀察為基礎的證據及評估，以使所有兒童能夠「成長為有能力、有信心的學習者和交流者，身、心、智健康，在社會/群體裡具有安全感和歸屬感，具有貢獻社會、實現價值的意識」。懷卡託大學的瑪格麗特·卡爾教授(也是國家教育綱要的主創者)創立了「學習的故事」。學習故事既是一種評估兒童的方法，也是一種研究方法。它是在真實情景中完成的結構性觀察和記錄，能提供一種反映兒童發展的持續性畫面，能用來記錄和交流兒童學習的複雜性。學習故事作為一種研究和評估的方法，強調情

景、地點以及相關人員在兒童學習中的作用。它所關注的是兒童能做什麼，而不是他們不能做什麼，這樣就能夠清楚地展現兒童的長處和興趣。

用學習故事作為評估兒童的方法要涉及四個方面的過程，這四個方面的過程也被稱為學習故事中的四個步驟：描述 (description)、討論 (discussion)、記錄 (documenta-tion)、決定 (decision)。「描述」是指對兒童當前的學習和發展中的表現性行為的描述。「記錄」是用某種方式把兒童的學習行為記錄下來並做出評估。「討論」是指和其他教師、兒童、家庭成員的談話交流，目的是進一步瞭解教師對兒童行為的解釋和評估。「決定」是教師對下一步要採取什麼行動的思考，是立刻回應，還是提供訊息、資料或制訂下一步的干預？這四個方面的過程在實際評估中不一定同時出現，如教師可以描述兒童的學習，但不進行討論或記錄就決定如何反饋，許多即興的評估也不一定有記錄，只是與其他人的討論。觀察的內容可能會記錄下來，作為以後引發談話的契機。

學者結合本土經驗，將學習故事的撰寫進行了簡化，目前得到較廣泛的運用。學習故事可以使用比較簡潔的格式，包括三個部分的內容。

(1) 觀察（發生了什麼——兒童實際行為和情景描述）：對兒童自發的遊戲、學習活動和探究過程進行觀察與記錄。可主要採用實況詳錄法 (Running Records) 詳細地記錄兒童在這一時間段或者事件中的行為、語言、與教師的互動等細節，同時還可以記錄近來與該兒童相關的背景訊息。

(2) 評估（學習什麼——解讀、評估和回應兒童的學習行為）：對兒童學習行為的分析和評估。如分析兒童在此時的活動中學習到什麼數學概念，發展水準如何，解決了什麼問題，遇到了什麼困難等。不僅可以分析幼兒的數學學習活動的內容和表現，而且可以分析兒童的學習興趣、學習品質、與同伴之間互動的狀況，同時還可以分析教師對該兒童的關注、理解、互動和回應策略。

(3) 下一步該怎麼做（下一步）：對兒童下一步指導的計劃。如教師如何發展兒童的興趣、能力、學習以及學習品質，如何把這一學習內容與課程的其他領域的學習聯繫起來，以及如何透過家長與幼兒園合作來促進兒童學習。

二、教師在撰寫學習故事時遇到的挑戰

目前很多地方也在效仿紐西蘭落實其課程綱要的經驗，開始積極倡導教師透過撰寫學習故事來落實和提高教師的專業水準。但是大多數教師在透過撰寫學習故事來從事幼兒發展評估的時候遇到了很多意想不到的挑戰。

(一) 文化方面的挑戰

學習故事發源於紐西蘭，植根於紐西蘭提倡個人主義的傳統文化土壤。個人主義文化傳統下發展起來的幼教課程中教師對幼兒的控制比較少，發生的學習主要是個體幼兒的獨自學習或者與同伴之間的互動學習，幼兒個體往往擁有較大的自主權和學習空間，幼兒更容易表現出多樣化的學習和創造性的行為表現；集體主義傳統下發展起來的幼教課程中教師對幼兒的控制相對比較多，幼兒對學習的自主權和空間得不到重視，發生的學習主要是小組或者集體的同步學習，更多的機械學習和接受學習容易被觀察到，而幼兒的創造性行為、問題解決以及個別化的學習則很難見到。故將一種文化下生長起來的評估移植到另一種文化下的教育實踐中，如果不轉換理念和文化，則很難真正得到落實並實現其既有的價值功能。

(二) 對學習概念和學習理論理解方面的挑戰

學習故事，顧名思義是講述幼兒關於學習的故事。但是大多數幼兒教師對於學習這一概念的理解還存在不少的偏差，通常用日常生活經驗來理解學習的內涵與本質，對於基本的學習理論也是理解不夠全面深入，這直接導致教師寫出來的學習故事很多都不是關於學習的故事，而是與學習有關的故事。

關於學習的一個被廣泛接受的定義是這樣的：「學習是在特定情境下由於練習或者反覆經驗而產生的行為或者行為潛能的比較持久的變化。」這一定義非常抽象，也沒有給出標準來幫助教師判斷幼兒的哪些外顯行為屬於真正意義上的學習。在撰寫學習故事的過程中，按照要求教師需要識別幼兒是否發生了真正的學習，但是教師基於自己對學習概念的模糊認識，經常將幼兒的學習與學習後所帶來行為表現或者操作表現混淆在一起，問題在於學習之後帶來的操作表現不是學習本身，換句話說教師寫學習故事其實就是幼兒

學習之後所產生的在操作方面的表現，這種表現有可能多於學習本身，也有可能少於學習本身，但絕對不是學習本身。如此看來，要想提高教師撰寫學習故事的水準，敘述真正的學習故事，將幼兒發展評估與課程教學有機融合起來，亟須努力的方面就是提高教師對幼兒學習以及學習理論的認識與理解能力，諸如對學習的本質、學習的內容、學習的分類、學習的過程等方面，準確發現和識別幼兒日常生活中發生的真正的學習。

(三) 對幼兒學習發展軌跡認識方面的挑戰

在具體發展領域中幼兒的學習與發展都存在大致相同的軌跡和序列，瞭解認識這一軌跡和序列對於教師的教學至關重要。作為學習故事的三個重要組成部分之一的回應與幼兒學習發展的軌跡的關係最為緊密。當教師判定幼兒在某個方面發生了真正的學習，且追尋了該學習對幼兒自己和對教師所具有的意義之後，需要分析和確定當前或者今後若干時間對幼兒做出什麼樣的支持行為，即為幼兒的後續學習和深入學習提供支架。要想對幼兒的學習發展做出高質量的回應，教師必須熟知幼兒在特定領域學習和發展的軌跡，否則只有依靠自己的經驗對幼兒的學習與發展做出模糊籠統的回應，而這種回應往往是低效甚至是無效的。

下面以兒童美術能力發展中象徵階段的相關軌跡和序列來予以說明。

繪畫處於象徵階段的幼兒能夠按照自己的知覺印象畫出物體的概略形象。幼兒所畫形象由一些簡單、抽象的符號與標記等構成，還不是完整的、接近實際比例的形象，但是還是大致保留了所畫對象的基本形式特徵。比如這一階段幼兒所畫的人就是所謂的「蝌蚪人」，蝌蚪人一般有圓腦袋以及線條所代表的人的手臂、腿和軀乾等，是一種對人的形象的抽象化表達和象徵。象徵階段具體又可以劃分為早期象徵階段和中後期象徵階段。中後期象徵階段的幼兒開始能夠造型、注意到造型與實際物體之間的比例，注意畫面上的空間關係等。如果教師寫的學習故事是3～4歲的幼兒畫出了第一個蝌蚪人，對於這個孩子來說這確實發生了真正意義上的學習，值得教師記錄和敘述。當教師識別出來這一學習已經發生之後，就需要聯繫幼兒美術能力發展的相關理論與知識，在確定幼兒在繪畫方面所處的發展水準的基礎上，還要思考

和確定幼兒在該領域的最近發展區。按照蘇聯心理學家維果茨基的觀點，兒童的發展在任何時候不僅僅是由成熟的部分或者已經達到的水準決定的。在具體的發展領域，每一個兒童都有兩個發展的水準，一個是已經達到的發展水準，表現為兒童獨立自主地完成某個學習任務；一個則是潛在的發展水準，即兒童在成人的支持幫助下，才能完成的、高出現有發展水準的學習任務。這兩個水準之間的空間則為最近發展區。兩者之間的差距主要透過兒童所需要的成人的幫助來確定的，需要的幫助越多說明發展的潛力越小。對於剛剛畫出蝌蚪人的幼兒來說，在造型方面最有可能成為其最近發展區的可能是幼兒的造型更為接近實物的實際大小和比例。明確了幼兒學習的序列和軌跡後，教師就能找到恰當的回應方式，從而幫助幼兒在原有基礎上實現有效地發展。

三、學習故事遭遇的質疑

當源自紐西蘭的學習故事在官方的支持下推進以及在全世界範圍內傳播的時候，對學習故事的批判和質疑也隨之而起。這些不同的聲音有著自己的立場和依據，對於教育者深刻理解、認識學習故事、理解幼兒發展評估與教學的融合都有著不可替代的價值與意義。

從本質上來看，學習故事是針對幼兒教師開發的一種評估幼兒發展的技術和方法。該方法從 2004 年以來在紐西蘭得到廣泛應用，但是在研究者中也不乏對學習故事的質疑與批判。研究者運用評估的基本原理和其他國家對於幼兒發展評估的立場觀點對學習故事進行了批判反思，批判的焦點主要集中在以下幾個方面。

(一) 評估的目的和內容不明

學習故事被設計為一種形成性的評估，但是對於評估幼兒發展的什麼卻沒有清晰的規定和論述。學習故事的倡導者卡爾認為學習故事要聚焦於幼兒的學習性向 (dis-positions for learning)，但是這個概念的內涵似乎沒人能說得清楚，設計者對如何評估幼兒的學習性向以及如何確認幼兒在學習性向上取得的進步都沒有明確的說法。卡爾在 2001 年曾用學習策略來界定學習性向：「(學習性向) 是適合的學習策略外加動機參與下的全部活動，在這些

活動中學習者識別、選擇、加工、回應、搜尋和建構學習機會。」正如批評者指出的那樣。這一界定過於開放，可以有多重理解和解釋。這樣的界定無法滿足教育評估的基本原理中對於評估目的和評估內容要具體的基本要求，也會讓學習故事不能與幼兒主要的學習發展領域銜接起來。批評者還認為紐西蘭的幼教課程框架不像英國基礎階段的課程那樣有具體明確的課程領域和進階系統，無法為作為評估者的教師提供評估目的和內容方面的有用訊息。

(二) 沒有對教師的觀察進行仔細的分類

學習故事的倡導者主張教師觀察幼兒並撰寫學習故事，但是並沒有對教師觀察的類型和身處教學現場的教師能做什麼樣的觀察加以論述。紐西蘭教育部在各個時期頒布的學習故事指南 (guidelines of learning stories) 中，對此都沒有提及。從觀察是否經過預先的設計準備可以將教師的觀察分為預先設計的觀察和現場臨時的觀察兩種，可能對幼兒教師而言，大量發生的是現場臨時的、經歷時間短暫的觀察，這是由幼兒教師工作的特點和性質決定的。

(三) 學習故事將認為的行為序列強加給教師

學習故事的主要創始人卡爾 (1998) 提出在特定的活動中，行為是按照一定的順序發生的，並給出自己對學習故事中行為序列的建議：表現出興趣——捲入——堅持應對困難、挑戰和不確定性——表達觀點或者情感——承擔責任。批評者認為這是卡爾將自己認為的行為序列強加給教師和幼兒，讓教師的觀察記錄符合自己提出的序列而不是客觀真實地記錄幼兒的行為，導致教師寫出來的學習故事成為充滿了主觀性和謬誤的「故事」。問題的關鍵不在於卡爾不該給出行為的序列，而是卡爾給出的序列根本就不符合幼兒行為的真實表現。

(四) 學習故事的效率和時效性比較差

批評者認為教師撰寫學習故事要花掉相當可觀的時間成本，倡導者們和政府管理部門也沒規定教師寫作學習故事的頻率。在紐西蘭的幼教機構中，一位教師每月只能為一個孩子寫一篇學習故事，這些學習故事描述的都是教

第七章 為了幼兒發展的評估

育現場發生的一個個具體事件,由於數量有限就只能構成小樣本的數據,無法讓教師作為依據來為幼兒規劃未來的學習經驗。另外學習故事的寫作需要較長的時間,往往是教師先觀察記錄,接著按照學習故事的三個部分來寫作,等學習故事寫出來的時候,幼兒的興趣和學習早就發生了巨大的變化,沒法跟上幼兒學習的步伐和節奏,導致學習故事在理論上的價值只能停留在書面上。

有鑒於此,批評者將學習故事的政策與實踐稱之為「有問題的實踐」。雖然學習故事在紐西蘭幼教實踐中的幼兒發展評估方面處於主導地位,但是這並不能掩蓋其在評估的有效性和促進幼兒學習與發展方面的缺陷。上述批評意見有的立足於評估的基本原理,有的立足於學習故事的操作流程,都有其合理的地方,需要引起學習故事的倡導者和實踐者們的思考與反省。

在深入批判學習故事的基礎上,批評者建構了一種替代學習故事的新方法——學習注釋 (learning notes),來改進和推動紐西蘭幼兒發展評估。

學習注釋在結構上和學習故事差不多,也是由對事件的描述以及另外兩個可選做的部分——對已經發生的學習的解釋和對未來學習的建議。教師對幼兒的學習和觀察是學習注釋必不可少的組成部分,但是解釋和建議則不是必需的組成部分,教師可以只是描述和記錄,日後有需要或者意識到所記錄注釋的意義與價值的時候,還可以回頭重新分析解釋,教師的分析解釋必須與幼兒學習與發展相關聯。學習注釋的提出者認為學習注釋既可以是終結性的評估,也可以是形成性的評估,使用起來比學習故事容易很多,還能夠與主要的發展領域和課程領域結合起來。

學習注釋區別於學習故事的最大之處可能在於學習注釋關注的焦點不是學習的性向,而是用來描述幼兒的知識、技能和情感態度。下面用表 7-6 來簡要介紹學習注釋的三個組成部分以及具體的內涵。

表7-6 學習注釋的構成

組成	內容
1.描述	主要是教師通過觀察來描述幼兒捲入的具體學習經歷，主要描述學習事件發生的時間、場所、參與者，幼兒表現出來的知識、技能與情感態度，幼兒的言語以及學習的過程等。描述可長可短，可以是一兩個句子，也可以是幾個段落，但是觀察者的描述必須盡可能精確，描述中也可以包含幼兒的照片與作品等。另外，描述要盡可能在教師觀察的當時或者稍後一點的時間內寫出來。 教師當場記下來的學習注釋都是簡化了的細節，教師可以運用這些細節來用較長的篇幅更為詳細地描述幼兒的學習。 教師在描述的過程中必須注意個人的偏見對觀察和記錄可能產生的不良影響，教師的語言必須用清晰的描述性語言寫成，盡可能減少教師對幼兒學習事件的解釋。
2.解釋	主要是教師評論幼兒的學習與發展，強調幼兒所展示出來的學習行為的重要性和價值，教師的評論必須與紐西蘭的課程綱要相連接。
3.接下來的工作	主要是教師記錄下自己認為有意義的想法，這些想法就是指教師在觀察幼兒的學習之後產生的將來為幼兒提供何種新的學習經驗的想法。

　　總體來看，學習注釋的提出者發現了學習故事的一些致命弱點，並試圖對其加以改進。這些致命的弱點主要包括學習故事強調的學習性向內涵模糊，無法與幼兒具體的學習與發展關聯起來。再者，學習故事採用了故事的形式，一方面是教師觀察和描述的客觀性會受到很大的影響；另一方面則是學習故事無法在觀察的當場寫就，必須在日後花費好多時間進行寫作和修改完善，這樣會耗費教師大量的時間和精力。另外，學習故事由於撰寫的數量有限，主要是一系列事件，無法在一個學期或者較長的時間段內累計比較豐富的幼兒發展與學習的數據資料，故很難透過學習故事對幼兒的學習與發展進行終結性評估，而這一點恰好是學習注釋的強項。

　　相對於學習故事，學習注釋更加注重按照評估原理的要求和教育現場的需求來構建模式，可能會具有更強的實踐生命力。它對描述部分的客觀性的要求是符合評估原理的基本要求的，其三個組成部分的組合更為靈活，更加符合幼兒教師實際的工作條件和場合，不會給教師增加大量的工作負擔，尤

其是寫作方面的負擔。客觀來看，學習注釋比較成功地解決了評估工具和方法的實踐適應性問題，至少相比學習故事是成功的。但是學習注釋與學習故事的都有著同樣的缺點，那就是對解釋部分（學習注釋）或者識別部分（學習故事）的規範性要求還顯得非常薄弱，基本是把解釋的權利和空間都交給了教師。這固然有利於尊重教師的專業自主權，但是也可能為學習故事或者學習注釋不夠深入、專業留下隱患。教師對幼兒學習行為的分析解釋是一個非常複雜的過程，在理解和解釋的過程中，教師的先見、成見，教師的情緒等都會捲入進來，以及如何綜合特定幼兒的社會文化背景與發展脈絡，結合系統並不完整的相關幼兒發展知識來做出準確的分析、判斷和解釋，是擺在學習故事、學習注釋的倡導者以及廣大幼兒教師面前的重大難題。

本章回顧

檔案袋評估即在一段時間中，有系統、有目的且持續地收集代表個人成長、成就與表現的作品；由幼兒與教師依據教師的期望與幼兒的發展，共同評估幼兒的學習與進步，對幼兒的發展水準進行分析提出預期發展的目標，使教師能有針對性地對幼兒進行引導和幫助。組成檔案袋的內容有：幼兒學習檔案袋的引言、幼兒的個人資料和幼兒的學習及成長記錄（包括課程相關資料、幼兒作品、幼兒實踐活動的照片、學習日誌、文字記錄、行為檢核表及評估量表、視頻和音頻資料）。檔案袋評估的步驟：確定檔案關注的領域、規劃學習目標、規劃課程重點、收集並整理資料、分析資料、撰寫綜合報告。搭橋指的是以一種行為表現為本和嵌入幼兒園課程的評估工具，用來幫助幼兒教師確認3～8歲的個體幼兒在智力上的強項並為之建構學習輪廓圖。搭橋的評估過程包括評估指向的關鍵概念和技能、具體活動、所使用的資料與工具以及評估的程序等。用學習故事作為評估兒童的方法要涉及四個方面的過程，這四個方面的過程也被稱為學習故事中的四個步驟：描述、討論、記錄、決定。具體而言，學習故事的撰寫可從 (1) 觀察（發生了什麼——兒童實際行為和情景描述）；(2) 評估（學習什麼——解讀、評估和回應兒童的學習行為）；(3) 下一步該怎麼做（對兒童下一步指導的計劃）等三個環節。當然，在本土移植過程中，學習故事也遇到了文化方面的挑戰。

思考題

1. 簡述為了幼兒發展的評估的實現條件。

2. 簡述檔案袋評估的含義。

3. 列舉幼兒檔案袋評估收集的作品內容。

4. 簡述幼兒檔案袋評估的製作步驟。

5. 簡述搭橋評估的程序和步驟。

6. 簡述幼兒學習故事的框架和主要構成。

幼兒發展評估
附錄

附錄

附錄一 檢核表

臺北市學前兒童發展檢核表

3 歲 (2 歲 11 個月 16 天～3 歲 5 個月 15 天)

檢查單位：　　　　　　單位電話：

填表人姓名：

身份：醫療人員 / 教師 / 社政人員 / 家長 / 其他

兒童基本資料

兒童姓名：　　　　性別：男　女　檢核日期　年　月

身份證號碼：　　　　　　出生日期　年　月

預產 (早產) 日期：　年　月

實足年齡：　歲　個月　天 (請務必填寫)

家庭住址：

聯絡住址：　　　　　　　聯繫電話：

1. 發展遲緩高危因子

1.(1)早產(懷孕期未滿36週)　(2)出生體重未滿2500克　(3)以上皆無
2. 先天性異常 (1)染色體異常(如唐氏症、透那氏症等) (2)頭顱顏面異常(如唇顎裂、外耳異常等) (3)先天性新陳代謝異常(苯丙酮尿症、甲狀腺功能低下等) (4)水腦脊柱裂 (5)頭骨提早密合 (6)先天性心臟病 (7)手足缺損畸形 (8)其他_____ (9)以上皆無
3. 產前、產程或產後問題 (1)孕期前3個月感染德國麻疹 2)母親妊娠期有不正常出血安胎、糖尿病、妊娠毒血、梅毒、酗酒、抽煙 (3)產程有胎心音下降、吸入胎便、呼吸窘迫、窒息缺氧急救、住保溫箱___天 (4) Apgar分數過低：5分鐘後＜7(或小於等於6)請參考母子手冊的出生紀錄 (5)出生後有痙攣、無呼吸、反覆嘔吐、低體溫或哺乳不良等 (6)重度黃疸需換血者 (7)其他_____ (8)以上皆無
4. 腦部疾病或受傷 (1)水腦 (2)出血或缺氧 (3)肺部感染 (4)癲癇 (5)腦瘤 (6)其他_____ (7)以上皆無
5. 家族史或環境因素 (1)近親有視聽障礙、智慧不足、精神疾病 (2)社會經濟不利狀況 (3)孤兒或受虐兒 (4)以上皆無

2. 發展里程檢核

附錄一 檢核表

兒童符合該項目描述的現象圈選「是」，若不符合或沒有該項目描述的現象圈選「否」。註記(實作)的題項表示附有圖形◆請實地測試，再記錄兒童反應		
◆1.(實作)能不扶束西輕易地蹲下玩玩具然後恢復站的姿勢	是	否
2.稍微扶欄杆或牆壁就能走上樓梯	是	否
3.能跑(姿勢怪異或常跌倒均不算通過)	是	否
4.能雙腳離地連續跳躍(雙腳必須能同時離地然後同時著地，若明顯的力量不對稱而造成兩腳高低不一，則不算通過)	是	否
◆5.(實作)可以模仿畫一條不穩的垂直線 (圖1：大人先做示範，在蜜蜂和花盆間畫一條直線，然後讓兒童模仿畫；線條兩端接接蜜蜂和花盆，大體為不斷裂直線就算通過)	是	否
◆6.(實作)通常可以和人一問一答持續對話，使用2至3個單詞的短句，且回答內容切題	是	否
7.能主動用至少一種句子問問題(例如：…是什麼？為什麼…？誰？…在哪裡？)	是	否
◆8.(實作)能正確說出至少4個圖形名稱(圖2：大人依序指著筆、鞋子、鑰匙、魚、飛機、杯子的圖形，並問「這是什麼？」	是	否
◆9.(實作)能聽懂至少2個圖形的描述句(圖2：大人依序問「哪一個是用來開門的？在水裡游的？用來寫字的？穿在腳上的？用來喝水的？在天空飛的？)	是	否
◆10.(實作)可以配對一樣的圖形(圖2：大人分別指左側的鑰匙和右側的筆問「哪一個是圖和這個一樣？」兩項均指對才算通過)	是	否
11.口齒不清，說話連最親近的大人也聽不懂	是	否
12.通常無法正確使用代名詞「你」「我」，例如：(1)「你」「我」顛倒 (2)都用名字(或小名)代表自己而不說「我」	是	否
13.檢核過程中非常不合作，出現下列任一行為如:(1)不聽說明、不看示範 (2)眼睛不跟隨人手指的方向 (3)不肯指給大人看 (4)把大人的束西搶過去自己玩 (5)跑來跑去抓不住 (6)似乎聽不懂指令	是	否

圖1

圖2

幼兒發展評估

附錄

　　有任何 2 題答案是圈選「否」，或有上列表內題號前有◆之任何 1 題答案是圈選「否」，或填寫人認為兒童有其他不尋常的功能或行為表現，請至本表背面所列之醫療院所做進一步檢查。請填寫是否領有身心障礙手冊：

　　是（身心障礙類別　　等級　　）　否　　　申請中

　　若沒有 2 題以上答案圈選「否」，且無任何 1 題有◆的答案是圈選「否」的，表示透過此階段的檢測。

　　日後仍請隨著小孩的發展，以不同年齡層使用的檢核表持續追蹤發展情形。

　　臺北市政府衛生局關心您

　　1995 年 12 月修訂（第二版）

....

（請沿虛線撕取）

兒童篩檢回執

兒童姓名：　　檢查單位：　　日期：

親愛的家長，您的寶寶健康篩檢結果如下：

目前發展情形符合約年齡發展狀況，請記得帶著您的寶寶按時做預防注射與健康檢查。

　　您的寶寶在　個月／歲的檢查之第　題，尚需再觀察。

　　您的寶寶在　個月／歲的檢查之第　題需再確認，請您帶寶寶至早療評估醫院做進一步檢查，若需後續療育或相關福利協助，醫師將為您的寶寶向「臺北市發展遲緩兒童早期療育通報轉介中心」進行通報與轉介，以提供您相關服務訊息。

　　註：學前兒童發展檢核表主要用來篩查在發展方面有風險的幼兒，具有較高的信度和效度，在我國臺灣地區運用廣泛，涵蓋 4 個月大到 6 歲的幼兒。2 足歲前幼兒的篩檢都由小兒科醫師負責。2 歲之後若未入幼兒園，醫療體

系依然會協助進行此篩檢。若幼兒入園，每年幼兒園都必須依據幼兒的實足年齡進行此項評估，藉以篩檢出有發展問題的幼兒。

附錄二 幼兒成長檔案

幼兒成長檔案樣例

扉頁

是誰想著天上的星星會不會掉下來

是誰在叢林裡凝視著那些含苞待放的花蕾

是誰在灌木叢邊喃喃自語

是誰在遊戲場上快樂奔跑

是誰對老師說，我要長大

噢

原來是你，我們的寶貝

第一頁

這就是我

姓名

年齡

喜歡的玩具

喜歡的食物

我的夢想

我的精彩照片

第二頁

把期望傳遞給孩子

附錄

　　家長對孩子的期望

　　教師對孩子的期望

　　第三頁至第四頁

　　我的妙語錄

　　妙語錄一

　　妙語錄二

　　妙語錄三

　　妙語錄四

　　……

　　第五頁

　　學習與發展檔案

　　發展主題(哪個發展領域的發展主題,比如社會領域中的自我控制或者情緒管理,或者認知領域中的想像力、創造性等):

　　發展主題的價值與重要性:

　　第六頁至第十四頁

　　幼兒學習與發展過程記錄

　　1. 學期初

　　(收集與發展主題有關的具有代表性的幼兒作品,諸如孩子的語言、手工作品、建構的作品、創作的故事、創作的音樂等;教師的觀察記錄;家長反映的幼兒在家的學習情況等)

　　(1) 反映幼兒學習與發展的作品資料

　　(2) 教師和家長的評論

　　2. 學期中

（收集與發展主題有關的具有代表性的幼兒作品，諸如孩子的語言、手工作品、建構的作品、創作的故事、創作的音樂等；教師的觀察記錄；家長反映的幼兒在家的學習情況等）

(1) 反映幼兒學習與發展的作品資料

(2) 教師和家長的評論

3. 學期末

（收集與發展主題有關的具有代表性的幼兒作品，諸如孩子的語言、手工作品、建構的作品、創作的故事、創作的音樂等；教師的觀察記錄；家長反映的幼兒在家的學習情況等）

(1) 反映幼兒學習與發展的作品資料

(2) 教師和家長的評論

第十五頁

摘要

對幼兒學習與發展狀況的分析評估：

（對照《3～6歲兒童學習與發展指南》和兒童發展心理學方面的研究成果來分析幼兒的發展狀況）

課程與教學方面的調整：

給家長的建議：

附錄三 幼兒教師撰寫的學習故事

水怎麼才能流過來

重慶市江北區新村幼兒園 陳衛琴

幼兒發展評估

附錄

嘉怡是個 5 歲的大班小男孩，常守在老師身邊看著別人玩，去玩也只能堅持很短時間又回到老師旁邊。遇到困難會大聲哭叫：「老師，快來，來幫助我！」但是，他對沙池活動相當感興趣。

幼兒園的沙池一直處于維護階段，終于，孩子們期待已久的沙池在秋天這個收穫的季節裡如他們所願開放了。孩子們興奮不已，飛一般奔過去。

注意

嘉怡站在旁邊看著大家，其他孩子湊在一起你一鏟我一鏟，不一會兒便合作挖了一個大沙坑，這時候嘉怡建議：「我們去給沙坑裝水。」「好吧！」孩子們紛紛行動起來。嘉怡最開始選擇的是用小勺裝水，突然抬頭看看自己同伴用的工具，跑去工具架，將勺子換成竹筒裝水往坑裡倒，看著倒進去的水很快沒有了，嘉怡看看水坑，又看看工具架，走向工具架，將所有的工具輪流拿了一次。我不知道嘉怡在思考什麼，什麼工具裝水最多嗎？最後嘉怡選擇了盆子走向水槽，一盆接一盆地端著，不一會兒，在孩子們的共同努力下，沙坑裡的水灌滿了，大沙坑變成了「小池塘」。孩子們圍著「池塘」笑著、跳著。這時候，嘉怡又從工具架找來了幾條玩具小魚，有塑料的、木頭的。接著找來了塑料小桶，興奮地撈小魚，每次撈出的都是浮在水面的小魚。

如往常一樣，嘉怡大喊：「老師，水怎麼這麼黃？木頭小魚哪裡去了？」……

「老師相信你能將看不見的木頭小魚撈起來，你自己想想辦法……」嘉怡圍著「池塘」轉了2圈，又看看我：「老師……」嘉怡這時候跑到工具架旁，左顧右盼，第一次拿來一個小小的沙漏勺，反覆在渾水裡撈，還是不見木頭小魚的蹤影。第二次，嘉怡拿來一個竹製的筲箕，將沉在水底的木頭小魚迅速地撈起來了，還自言自語：「這個大些。」

撈了一會兒小魚，嘉怡發現不遠處也有一群小夥伴在挖坑。嘉怡拿著鏟子說：「嘿，不如將我們的水池和他們的沙坑連起來吧！」孩子們紛紛叫好，興致勃勃地挖了起來，不一會兒就在兩個坑之間挖了一條小渠，嘉怡這邊坑裡的水自然就流入了另一個坑裡去了（嘉怡的坑高，另一個坑低）。

嘉怡池塘裡的水沒了,「我的水全部去他們的坑裡了……」沒水的坑讓嘉怡眉頭緊鎖。

嘉怡:「我們再去接水吧!」

我故意為難:「如果老師不同意再接水了怎麼辦?」

嘉怡:「那我們就把流過去的水弄回來!」

我:「好啊!」

嘉怡自言自語:「水怎麼才能流過來?」

嘉怡嘗試了起來,可這邊坑高那邊坑低,水往低處流容易,往高處流就困難了,嘉怡的嘗試沒有成功。小夥伴們都來幫助嘉怡實現想法,有的拿水瓢拚命舀水,有的用鏟子使勁趕水,可無論他們怎麼努力水還是流不回去,依然流進了剛才的低坑裡。

這時,嘉怡大喊:「老師,你看這個坑高那個坑低,水流不過來!」

我:「原來是這樣!那怎樣讓低處坑裡的水流到高處的坑呢?你動腦筋自己嘗試一下。」

嘉怡:「我們把高的坑挖低!」「我們往低坑裡再加水!」「我們用最大的盆子端水!」「我們把全部的玩具放到低坑裡,讓水漲起來再流回到高的坑裡!」「用東西將低的坑填高!」「用發動機,將水送過去!」嘉怡給出了一連串的想法,其他孩子都聽著嘉怡一個人嘰嘰喳喳。

……

我:「你們去試試吧!」

很多孩子都來幫助嘉怡把低處的水流回高處去,有的孩子負責引渠,有的負責挖低,有的用車拖走高處坑裡的沙,有的負責注水……嘉怡:「我們來把高處水坑的沙用車運到低處水坑裡去,原來高的水坑就變低了,原來低的水坑就會變高,我們的水就會流回去。」孩子們異口同聲:「試試吧!」孩

子們按照嘉怡的說法忙碌起來，不一會兒，原來低處沙坑的水就順利地流向了高處。孩子們興奮極了，嘉怡更是高興得跳了起來。

　　識別

　　嘉怡在活動的過程中，出現了觀察模仿、問題解決、操作體驗和知識建構等多種多樣的學習方式，獲得了大量的直接經驗。透過上述學習，嘉怡明白工具大小可以影響盛水的多少；嘉怡用筲箕撈出水底的頭小魚，讓旁邊的同伴知道水可以透過有縫隙的工具漏出；嘉怡在反覆的操作中也知道筲箕在水裡的接觸面積更大，更容易撈出沉在水底的木頭小魚。嘉怡在活動中自己提出問題並沿著問題開始思考並嘗試解決問題，沒有像以前一樣，玩一會兒就回到老師身邊，也沒有遇到問題就哭喊，表現出了很好的堅持性和專注的學習品質，正是堅持讓嘉怡體驗到了成功：水真的流回去了，並從中建構了新經驗——水在沙地上的流動特性；水在適當的作用下，低處的水是可以流向高處的。

　　透過觀察嘉怡的學習，讓我也深刻認識到只要環境得當，有意義的學習是可以自然發生的。也讓我深刻地理解了教育心理學中的一條基本原理——學習歸根結底是學習者自己的事情，要把學習的主動權還給孩子。

　　回應

　　幼兒現在主要是在真實的問題情境中探索體驗水在沙地上流動的經驗，為了豐富提升幼兒在此方面的經驗，日後的課程與教學中，我有可能從兩個方面來深化孩子的經驗：一方面可能需要提供各類水管等來讓孩子探索如何借助水管將水輸送到不同高度和不同距離的地方；另一個方面可能需要引導孩子探索建構城堡、坑道的最佳沙水混合比例。到底哪一個方向更有可能性，主要取決于孩子的興趣。

　　學習故事——「其實，我不害羞」

　　重慶市渝中區鐵路幼兒園 李雪妮

一、注意——兒童的害羞行為

　　劉小歌是一個文靜、不多話、很內向的小朋友，平時做什麼事情給人的印象都是小心翼翼的，雖然也願意和小朋友去玩耍，但是從來不主動去邀請小朋友和自己玩耍，自己一個人也能玩起來，總是等待著其他小朋友主動來邀請自己。

　　三月，我班開展民間體育遊戲「石頭剪子布」，這是一個必須兩人合作完成的遊戲。在一次活動中，小歌和往常一樣，一個人慢慢地在角落玩耍。她看著同學們紛紛找到了合作夥伴一起遊戲，自己也非常期待有人能來邀請她。小歌一個人不停地旋轉，眼睛看著地上，似乎一切都是很平靜的。這個時候，在中間場地也還沒找到小夥伴的男孩兒羅晗予看見了一旁的小歌，主動過去和小歌一起玩「石頭剪子布」，小歌很樂意地答應了。他們倆很快就投入了遊戲。幾天後，當我再一次組織玩這個遊戲的時候，小歌不再一個人躲在角落，她開始慢慢尋覓她覺得友好的小夥伴，她看到了同樣不愛說話的劉恩桐也一個人在角落尋尋覓覓不知道該幹什麼，小歌猶豫了一下，走過去主動牽起了劉恩桐的手，雖然一句話也沒有說，但她們倆相視一笑，開始了遊戲，遊戲似乎很愉快。又過了一段時間，小歌會很自然地找到小夥伴一起玩耍，而且越來越開朗，和同伴的交流也更多了，她似乎踏出了勇敢的第一步。

二、識別——兒童的主動關愛

　　我認為在這個情境中我看到了一個很害羞的孩子，其實在她的內心深處也有主動地、大膽地與同伴交流的心。在這一系列過程中，剛開始小歌很怯懦、話並不多、不敢主動邀請同伴玩耍，而在一旁玩耍的她其實很願意融入小朋友中去。小男孩羅晗予也許不經意的主動關心給了小歌很大的勇氣，整個過程中，其實羅晗予不經意的一個行為產生了巨大的能量，這讓小歌發現主動關愛也許並沒有想像中那麼難。後來的遊戲中，小歌嘗試著主動牽起跟她以前一樣膽小、沒有同伴的小朋友的手，她發現關愛別人，能使自己和別人都感到幸福。漸漸地，找同伴這件事情對于小歌而言，再不是困擾她的事

情了，她越來越能在合作遊戲中收穫快樂了。最後，小歌透過自己的思考勇敢地打破自己內心害羞的一面，邁出自己的步伐，甚至去主動關愛小朋友，主動牽起那些暫時沒找到夥伴的小朋友的手，一起玩耍。關愛這種行為對于學齡前以「自我」為中心的幼兒有些許難度，孩子們不大會站在別人的角度去理解別人的心理環境，可是小歌能夠觀察到小朋友渴望被髮現的內心訴求，打破自己害羞的一面，告訴自己「其實，我不害羞」，勇敢地走出去，嘗試主動大方地關愛他人。

三、回應——做一個大膽的、關愛他人的好孩子

平時害羞膽小的小歌在這個過程中，打破了自己內心的「害羞」，能夠主動地去接觸小朋友，同時她還看到了別人的孤獨，嘗試大方大膽地去牽起同學的手，讓別人感受到自己給出的關愛，這讓老師很是佩服。

同時在整個過程中，我並沒有做任何的引導而是靜靜地觀察，在觀察中我也受到了很深的啟發，類似小歌這種性格的小朋友每個班裡都會有那麼幾個，可是像他們這樣的小朋友，並不代表他們的內心是愚鈍木訥的。以前我常用誘導的方式和鼓勵的方式去激勵害羞的孩子打破自己的害羞行為，大膽地去和小朋友們說一說、玩一玩，可是這樣的方式並不是長久的，在其他的活動中，可能我又要用鼓勵的方式去引導孩子們，但是孩子們反饋出的表情並不是開心。

透過這個觀察我知道了，只有讓她感受到別人是真的接受她，願意和她交往的時候，她才會敞開心扉和大家一起玩耍。所以在接觸這種害羞內向性格的孩子的時候，教師的鼓勵是其次的，最主要的是鼓勵其他的幼兒主動去找他們玩耍，讓同伴之間相互感受，才能達到最好的「治癒」效果。

後記

　　本書的選題和寫作歷時一年多，由筆者一個人獨立完成，書中主要體現的是筆者近年來從事幼兒發展評估課程教學過程中的思考與體會。

　　本書在寫作和出版過程中得到了出版社的大力支持，出版社的張浩宇編輯和雷兮編輯認真審讀了書稿並提出了非常中肯的修改意見，為保證書稿的質量做出了重大的貢獻。在此向他們兩人表示衷心的感謝！

　　由於本人涉足幼兒發展評估領域的時間不長，積累的文獻資料還不夠豐富，加上自身研究水準和研究經驗的限制，導致本書只能稱為一種初步的嘗試，不足之處甚多，懇請各位同行不吝賜教，以待將來進一步豐富與完善本書的內容。

蘇貴民

國家圖書館出版品預行編目（CIP）資料

幼兒發展評估 / 蘇貴民 著 . -- 第一版 . -- 臺北市：崧燁文化，
2019.06
　　面；　公分
POD 版

ISBN 978-957-681-860-8(平裝)

1.兒童發展 2.教育輔導 3.學前教育

523.2　　　　　　　　　　　　　　　　　　108009067

書　　名：幼兒發展評估
作　　者：蘇貴民 著
發 行 人：黃振庭
出 版 者：崧燁文化事業有限公司
發 行 者：崧燁文化事業有限公司
E－m a i l：sonbookservice@gmail.com
粉 絲 頁：　　　　　　　網　址：
地　　址：台北市中正區重慶南路一段六十一號八樓 815 室
8F.-815, No.61, Sec. 1, Chongqing S. Rd., Zhongzheng Dist., Taipei City 100, Taiwan (R.O.C.)
電　　話：(02)2370-3310 傳　真：(02) 2370-3210
總 經 銷：紅螞蟻圖書有限公司
地　　址：台北市內湖區舊宗路二段 121 巷 19 號
電　　話:02-2795-3656 傳真:02-2795-4100　網址：
印　　刷：京峯彩色印刷有限公司（京峰數位）

　本書版權為西南師範大學出版社所有授權崧博出版事業股份有限公司獨家發行電子書及繁體書繁體字版。若有其他相關權利及授權需求請與本公司聯繫。

定　　價：400 元
發行日期：2019 年 06 月第一版
◎ 本書以 POD 印製發行